C.H.BECK WISSEN

Was haben Hades, Scheol, Hölle, Himmel und Paradies gemeinsam? Sie liegen im Jenseits, in den großen Gebieten außerhalb der irdischen Wirklichkeit. Für die einen gehören Jenseitswelten und ihre Götter zu den Illusionen vergangener Kulturen, für die anderen stehen sie bis heute im Zentrum religiösen Glaubens. Bernhard Lang erörtert die prominentesten Jenseitswelten der Geschichte, wie sie in den Zeugnissen der klassischen Antike, in Bibel und Koran sowie in der jüdischen, christlichen und islamischen Tradition beschrieben werden. Zur Sprache kommen auch die naturwissenschaftliche Kritik am Jenseitsglauben, Ansätze zu einer jenseitsfreien christlichen Theologie sowie die Sehnsucht, einen geliebten Menschen in einer anderen Welt wiederzusehen. Ob es jenseitige Welten gibt oder nicht, die Vorstellungen von ihnen bewegen die Menschheit seit Jahrtausenden und tun dies bis heute.

*Bernhard Lang* lehrte als Professor für Altes Testament und Religionswissenschaft in Tübingen, Paderborn, Paris IV (Sorbonne) und St. Andrews. Bei C.H.Beck erschienen von ihm u. a. *Erhelle meine Nacht. Die 100 schönsten Gebete der Menschheit* (5. Aufl. 2018) sowie *Die 101 wichtigsten Fragen. Die Bibel* (2013).

Bernhard Lang

# HIMMEL, HÖLLE, PARADIES

*Jenseitswelten von der Antike
bis heute*

C.H.Beck

Das vorliegende Buch löst den Band «Himmel und Hölle.
Jenseitsglaube von der Antike bis heute» von Bernhard Lang
(C.H.Beck Wissen, Band 2303, 1. Auflage 2003, 2. Auflage 2009) ab
und wurde dafür völlig neu geschrieben.

Mit 21 Abbildungen

Originalausgabe
© Verlag C.H.Beck oHG, München 2019
www.chbeck.de
Satz: C.H.Beck.Media.Solutions, Nördlingen
Druck und Bindung: Druckerei C.H.Beck, Nördlingen
Reihengestaltung Umschlag: Uwe Göbel (Original 1995, mit Logo),
Marion Blomeyer (Überarbeitung 2018)
Umschlagmotiv: Giulio Romano, «Das Bankett der Götter»,
Ausschnitt mit Faun und Nymphe, Fresko in der «Sala di Psiche»
des Palazzo del Te, Mantua, © akg-imagcs/MPortfolio/Electa
Printed in Germany
ISBN 978 3 406 74241 5

klimaneutral produziert
www.chbeck.de/nachhaltig

# Inhalt

Einführung: Eine kurze Geschichte des Jenseits .... 7

## I Antike: Vom innerweltlichen zum außerweltlichen Jenseits — 10
1 Tartaros, Limbus und Elysium . . . . . . . . . . . 11
2 Oben und unten: Das Jenseits der Philosophen . . . 21
3 Kulturen der Gewalt, des Rechts und der Reflexion 29

## II Antikes Judentum und frühes Christentum: Himmel, Hölle und Gericht — 32
1 Gottes Himmel und sein Personal . . . . . . . . . . 32
2 Scheol und Himmel: Das Jenseits der Toten in der Hebräischen Bibel . . . . . . . . . . . . . 42
3 Die Hölle im Neuen Testament . . . . . . . . . . . 48
4 Antike Rechtskultur und die Kultur des Hellenismus 53

## III Islam: Der eine Gott und die vielen Himmel — 55
1 Jenseitswelten im Koran . . . . . . . . . . . . . . 56
2 Dichterische Erkundungen des Jenseits . . . . . . . 63
3 Al-Ghazali: Eine Philosophie des Jenseits . . . . . . 73
4 Prophetie, Erotik und Askese . . . . . . . . . . . . 76

## IV Das Christentum und die Revolutionen des Weltbilds — 78
1 Augustinus: Eine Philosophie des Jenseits . . . . . . 79
2 Dantes *Göttliche Komödie*: Eine Jenseitsdichtung 84
3 Swedenborgs visionäre Erkundung des Jenseits . . . 95
4 Theologie, Poesie und Naturwissenschaft . . . . . . 101

## V Abschied vom Jenseits? — 103
1 Der Siegeszug des Naturalismus . . . . . . . . . . 104
2 Natur und Gott im Pantheismus . . . . . . . . . 107

3 Vom Existenzialismus zu einer Theologie
  ohne Jenseits . . . . . . . . . . . . . . . . . . . . 110
4 Wiedersehen im Himmel? . . . . . . . . . . . . . . 115
5 Die Ordnung der Vernunft und die Ordnung
  des Gefühls . . . . . . . . . . . . . . . . . . . . . . 122

Literatur . . . . . . . . . . . . . . . . . . . . . . . . . 124
Bildnachweis . . . . . . . . . . . . . . . . . . . . . . 128
Dank . . . . . . . . . . . . . . . . . . . . . . . . . . 128

# Einführung
# Eine kurze Geschichte des Jenseits

Das Jenseits entstand, als die Götter und die Toten aus dem Lebensraum der Menschen verdrängt wurden. Die frühe Menschheit teilte den eigenen Lebensraum mit Göttern, Geistern und Dämonen, auch mit den Toten. Dann wiesen frühe Denker den Göttern hohe, unzugängliche Berge als Wohnsitz zu, den Toten aber Höhlen und entlegene Schluchten. Solche Randzonen des menschlichen Lebensraums sind frühe Formen des Jenseits. Als Götter und Tote in immer weitere Ferne rückten, in überirdische und unterirdische Welten, bildete sich eine Jenseitsmythologie.

**Mythos.** Viel Aufmerksamkeit erhielt der Mythos einer jenseitigen Strafe für Verbrecher. Auch die Aussicht auf ein unbeschwertes zweites Leben, zunächst nur Königen und Helden, später aber allen zugänglich, beflügelte die Phantasie. Einmal geschaffen, wurde diese Mythologie zu einem lebendigen Thema, das, ähnlich wie die Begriffe «Gott» und «Seele», die Geschichte des menschlichen Geistes durch die Jahrtausende begleitete und zu bedeutenden kulturellen Leistungen anspornte.

Nichts rechtfertigt, das Jenseits zu verspotten, hat es doch den Menschen jahrtausendelang fasziniert, ihm Trost gespendet sowie Halt und Hoffnung geschenkt. Viele hat es auch bedrückt, erschüttert, in Angst und Schrecken vor jenseitiger Strafe versetzt und so Moral und Rechtsbewusstsein gestützt. Wer von der Existenz einer Höllenstrafe überzeugt ist, kann darauf verzichten, sich für erlittenes Unrecht zu rächen. Die Rache werden die höllischen Plagegeister übernehmen. Sigmund Freud bemerkte dazu: «An der Entwicklung der Religion glaubt man zu erkennen, dass ... die Überlassung» der Rache an Gott und Jenseits «der Weg war, auf welchem sich der Mensch von der Herrschaft böser, sozialschädlicher Triebe befreite» (Zwangshandlungen und Religionsübungen, 1907). Freud bewertet die Hölle als kulturell fruchtbare Illusion.

Drei einander widerstrebende Haltungen bestimmten – und bestimmen bis heute – den Umgang mit dem Jenseits: die emotionale Phantasie, die dogmatische Mentalität und der kritische Geist.

Am Anfang steht die emotionale Phantasie; sie bildet die unerschöpfliche Quelle aller Vorstellungen, die sich Menschen über Jenseitswelten machen. Stets frei und ungebunden, lässt sie sich weder von der Dogmatik Vorschriften machen und in eine bestimmte Richtung drängen noch von ernüchternder Kritik beeindrucken und in die Schranken weisen. Älter als Dogmatik und Kritik, wurzelt sie in den tiefen, unbewussten Schichten der Seele. Sie begleitet die Menschheit seit ihren Anfängen, und der Augenblick ihres Verschwindens würde gleichzeitig das Ende des Menschseins bedeuten.

**Dogma.** Mit der frei schweifenden Phantasie unzufrieden, errichtet die dogmatische Mentalität aus den Bruchstücken mythologischer Überlieferung große Lehrsysteme. Verschiedene kulturell fruchtbare Vorstellungswelten werden in diesem Buch untersucht: die Vorstellungen der griechisch-römischen, der jüdischen und der christlichen Antike, islamische Vorstellungen, wie sie vor allem im Koran niedergelegt sind, sowie die sich wandelnden Jenseitsvorstellungen im Christentum. Altorientalische und altägyptische Anschauungen kommen nur zur Sprache, sofern sie für die behandelten antiken Sichtweisen von Bedeutung sind. Jenseitsvorstellungen in anderen Kulturen und Weltbildern – Hinduismus, Buddhismus, moderne Esoterik – mussten unberücksichtigt bleiben, hätten sie doch den Rahmen der knappen Darstellung gesprengt.

Sobald sich Jenseitsvorstellungen mit literarischer Phantasie verbinden, erreichen sie ihre edelste, eindrucksvollste Gestalt. Dann entstehen Werke wie Vergils *Aeneis*, das *Buch der Leiter Mohammeds* oder Dantes *Göttliche Komödie*. Wahrscheinlich gehen Dantes vielstufiger Himmel und seine vielstufige Hölle auf islamische Vorbilder zurück – Dichter kennen keine trennenden

Grenzen zwischen den Religionen. Die Dogmatik trennt, die Phantasie verbindet. Der Synthese von Dogmatik und Dichtung verdankt sich auch – fünf Jahrhunderte nach Dante – das visionäre Werk Emanuel Swedenborgs.

In Kreisen traditionalistischer Christen und Muslime hat sich bis heute ein ausgeprägter Jenseitsglaube erhalten. Wird er angegriffen und als intellektuell nicht auf der Höhe der Zeit stehend abgewertet, dann verteidigen ihn seine Anhänger mit Hinweis auf die Bedeutung der Tradition: Mit dem Glauben an ein Jenseits hätten die Menschen Jahrtausende gelebt, und diesem Glauben verdankten sie Geborgenheit. Warum soll man einen bewährten Glauben nicht bewahren? Warum ihn preisgeben und gegen neue, kaum etablierte Meinungen einiger Modernisten eintauschen? Als Hüter und Deuter überlieferten Glaubensguts gehen viele – doch keineswegs alle – Theologen mit den Jenseitsvorstellungen der Vergangenheit vorsichtig um. Sind sie, den Traditionalismus verschärfend, Fundamentalisten, beschränken sie sich nicht auf die Verteidigung der Tradition, sondern greifen Andersdenkende an, verunglimpfen sie und suchen sie aus der Glaubensgemeinschaft, der sie angehören, auszuschließen. In diesem Punkt besteht kein Unterschied zwischen dem Denken und Handeln von christlichen und islamischen Fundamentalisten.

**Kritik.** Der dogmatischen Mentalität steht der kritische Geist entgegen. Was die Dogmatik aufbaut und als geltende Lehre einschärft, wird von der Kritik infrage gestellt. Das ist bereits in der Antike geschehen, doch erst in der Neuzeit hat die Kritik das Jenseitsdenken frontal angegriffen und als Illusion verworfen. Wie die Dogmatik, erreicht auch die Kritik ihre überzeugendste Gestalt, wenn sie sich mit literarischer Phantasie verbindet. In der Antike pflegte Platon einen zugleich kritischen und spielerischen Umgang mit der Jenseitsmythologie, indem er das Jenseits als experimentelles Feld für das Denken begreift. Nimmt das Mythologische in der denkerischen Arbeit überhand, ruft Platon den sokratischen Vorbehalt ins Gedächtnis, was besagt: Kein verständiger Mensch nimmt Jenseitsmythen wörtlich. Moderne Kritiker des Jenseits finden selten Zugang zur Phantasie, was ihre Bücher oft als zugleich scharfsinnig und langweilig erscheinen lässt.

Auch abgesehen von emotionalen Bedürfnissen, auch ohne Rücksicht auf dogmatische Lehren und ihren Starrsinn und ungeachtet der Bedenken der Kritik gibt es Gründe genug, den kulturellen Schatz zu pflegen, den die Jenseitswelten, ihre Götter und weiteren Bewohner darstellen. Das vorliegende Buch dient der Erinnerung an dieses Kulturgut. Wie ein Museum führt es durch vergangene Zeiten, um schließlich in der Gegenwart anzukommen – ohne sagen zu können, wie die Geschichte weitergeht, falls sie nicht ihr Ende erreicht haben sollte. Gegen die Annahme eines Endes spricht die Wiederbelebung dogmatischer Systeme durch religiöse Traditionalisten, von denen einige, zu Fundamentalisten verhärtet, ihre Lehren mit der Waffe verteidigen – und damit erst recht den kritischen Geist auf den Plan rufen.

# I Antike:
## Vom innerweltlichen zum außerweltlichen Jenseits

Die Antike ist nach üblichem Sprachgebrauch die den Mittelmeerraum beherrschende griechische und römische Kultur von etwa 800 v. Chr. bis 600 n. Chr. Aus der Antike stammt die anschauliche Dreigliederung der Welt: irdische Welt der Menschen, unterirdische Welt der Toten, überirdische Welt der Götter. Der unterirdische Bereich, im Innern der Erde lokalisiert, wird in vielen antiken Zeugnissen als eine bunte Welt mit Totenrichtern, Gefängnissen für göttliche und menschliche Verbrecher sowie angenehmen Gefilden der Seligen geschildert. Die überirdische Welt, beginnend auf hohen Gebirgen mit Fortsetzung bis zu Mond, Sonne und den Gestirnen, bietet nicht nur den Göttern einen Lebensraum, sondern auch jenen Menschen, die ein vorbildliches Leben geführt haben.

Unser Wissen über Jenseitswelten und Jenseitsschicksale beruht auf den Ausführungen antiker Autoren, ergänzt durch bildliche Darstellungen. Daher wird im Folgenden nicht einfach vom Hades oder vom Totengericht die Rede sein; vielmehr werden antike Zeugnisse angeführt, die darüber Aufschluss geben. Berichtet wird in dreierlei Gestalt: in Form des literarisch gestalteten Mythos – ein antiker Schriftsteller wie Hesiod greift aus zumeist volkstümlicher, mündlich umlaufender Erzählung einen Stoff auf und gibt ihn in eigener Gestaltung wieder; in Form des philosophisch reflektierten Mythos – ein Philosoph wie Platon bedient sich eines mythischen Stoffes zur Erkundung schwer fassbarer Wirklichkeit; und in Form von Kritik – ein Philosoph wie Lukrez verurteilt bestimmte Jenseitsvorstellungen als unsinnig, unwahr und schädlich.

## 1 Tartaros, Limbus und Elysium

Grundlegend für den antiken Mythos ist die anschauliche Gliederung des Jenseits in einen Götterhimmel und eine Unterwelt – «hoch oben» und «tief unten». Beide Bezirke befinden sich *innerhalb* der uns bekannten Welt, sind für lebende Menschen jedoch unzugänglich. Ein «außerirdisches Jenseits» entwickelte erst das Christentum in der Spätantike.

**Der Götterhimmel: Zeus und die göttliche Weltregierung.** Nach der Vorstellung antiker Menschen leben die Götter im Himmel, ihre Residenz liegt auf hohen, in die Wolken ragenden Bergen. Zeus, unbestrittener König der Götter und Menschen, hat seinen Sitz auf dem Olymp, mit 2918 Metern der höchste Berg im nördlichen Griechenland. Umgeben ist Zeus von einer Reihe anderer Götter – alle menschengestaltig und unsterblich.

Ihr göttlicher, von besonderem Blut durchflossener Körper bedarf der Speise. Da ihnen Brot und Wein fremd sind (Homer, *Ilias* V 341), ernähren sie sich ausschließlich von den Götterspeisen Nektar und Ambrosia. Sehen wir einmal von dem fleißigen Schmied Hephaistos ab, so scheinen die Götter und Göttinnen keiner regelmäßigen Tätigkeit nachzugehen. Als Mitglieder einer Elite brauchen sie sich den Unterhalt nicht zu verdienen. Zum Zeitvertreib mischen sie sich in den trojanischen Krieg ein. Antike Autoren beobachten sie oft bei ihren Liebesaffären und schildern ihr Gelächter. Den grundlegenden Mythos, der alle olympischen Götter betrifft, verdanken wir Hesiods *Theogonie* (ca. 700 v. Chr.). Das Lehrgedicht berichtet, wie es zur Herrschaft des Zeus gekommen ist:

Am Anfang wurde die Welt von zwölf Titanen beherrscht – sechs Göttern und deren Partnerinnen. Führend unter den Titanen waren Kronos und dessen Gemahlin Rheia. Deren Sohn Zeus wollte sich an seinem Vater rächen, weil ihn dieser nach seiner Geburt hatte beiseiteschaffen wollen; überhaupt war ihm, Zeus, die Herrschaft der Alten verhasst. Daher rief er alle Götter seiner Generation zu sich auf den Olymp. Sie sollten gegen die Titanen Krieg führen. Wer mit ihm kämpfe, werde alle Privilegien und Ämter behalten, die er besitzt; wer aber über keine Rechte verfügt, werde solche durch ihn erlangen. Es kommt zum Krieg. Zwei Parteien stehen einander gegenüber: die Titanen auf dem Berg Othrys, Zeus und seine Anhänger auf dem Olymp. Nach zehnjährigem Waffengang ohne Entscheidung verfällt Zeus auf eine List: Er erinnert sich der drei hundertarmigen Riesen – der Hekatoncheires. Von riesenhafter Körperkraft, hat jedes dieser ungeschlachten Wesen fünfzig Köpfe und hundert Arme (*Theogonie* 147–153). Kronos hatte die Riesen in die Unterwelt gesperrt, doch Zeus befreit sie, reicht ihnen die Götterspeisen Nektar und Ambrosia und gewinnt sie als Helfer. So gelingt es Zeus, die Titanen zu überwältigen. Als unsterbliche Götter lassen sich die Besiegten aber nicht töten; so verbannt sie Zeus in die Unterwelt. Diese können sie nicht mehr verlassen, denn sie ist verriegelt, und die Gefangenen werden von den in die Unterwelt zurückgeschickten Riesen bewacht. Neben den Titanen hat Zeus einen weiteren Gegner, der sich ihm entgegenstellt: Typhoeús (reimt sich auf «Zeus»; andere Namensform: Typhon), ein hundertköpfiger feuerspeiender Drache. Diesen bezwingt Zeus in heroischem Zweikampf, um ihn zuletzt, den Titanen gleich, in der Unterwelt einzuschließen.

Nach seinen Siegen herrscht Zeus als König über die Götter (*Theogonie* 506). Allen Mitkämpfern gegenüber erfüllt er sein Versprechen. Eine der Göttinnen – Hekate, eine Tochter der Titanen – stattet er mit besonderen Privilegien aus, so dass sie Menschen Wohlstand schenken kann, Sieg über die Feinde und Weisheit bei der Ausübung des Richteramts (*Theogonie* 411–452). Nach dem Sieg beschäftigt sich Zeus hauptsächlich mit Göttinnen, schläft mit ihnen und zeugt so Söhne und Töchter. Seine Gattin aber ist Hera, mit der er nicht immer auf gutem Fuße steht. Daher bringen Zeus und Hera jeweils auch ohne den anderen ein göttliches Wesen zur Welt: Die Kriegsgöttin Athene entspringt dem Haupt des Zeus, während der göttliche Schmied Hephaistos von Hera ohne Beischlaf mit Zeus geboren wird.

So wird die Welt von Zeus, dessen Geschwistern und der ersten Generation ihrer Nachkommen beherrscht. Die Zahl der Zeus umgebenden Götter ist kaum überschaubar. Jedoch lässt sich in den antiken Zeugnissen seit dem 6. Jahrhundert v. Chr. die Tendenz beobachten, etwa zwölf Götter hervorzuheben. Nach einem Vorschlag von Georges Dumézil lassen sie sich nach den grundlegenden Funktionen der menschlichen Gesellschaft in drei Gruppen absteigenden Ranges gliedern: herrschende Götter, kriegerische Götter und das Leben ermöglichende Fruchtbarkeitsgötter. Zur Gruppe der weise herrschenden Götter gehören:

*Zeus*. – Den Götterkönig zeichnen Weisheit und kriegerischer Geist aus, seine Attribute sind Donner und Blitz. Den Römern als Jupiter bekannt.
*Hades*. – Herrscher über das nach ihm benannte Totenreich. Bruder des Zeus.
*Poseidon*. – Zuständig für das Meer. Bruder des Zeus. Sein lateinischer Name ist Neptun.
*Apollon*. – Jugendlicher Gott der Weissagung und der schönen Künste. Sohn des Zeus.

Von den mit dem Krieg verbundenen Göttern sind folgende Gestalten hervorzuheben:

*Athena.* – Kriegerische Schutzgöttin der Stadt Athen. Als Jungfrau nicht verheiratet.

*Ares.* – Der aggressive, blutrünstige Kriegsgott. Die Römer nennen ihn Mars.

*Hephaistos.* – Als Gott des Feuers und der Schmiedekunst stellt er Waffen her.

Mehrere Göttinnen dienen der Familie, der Liebe, der Natur und Fruchtbarkeit:

*Aphrodite.* – Verkörpert Schönheit, Liebesspiel und Fruchtbarkeit. Den Römern als Venus bekannt.

*Artemis.* – Lebt unverheiratet in der freien Natur unter wilden Tieren.

*Demeter.* – Göttin des Ackerbaus.

*Hera.* – Schützt Ehe und Frauen. Schwester und Gattin des Zeus.

*Hestia.* – Schützt Herd und Herdfeuer des Haushalts. Die Schwester des Zeus bleibt unverheiratet.

Aus der Reihe der Zwölfgötter sind heute noch vier Namen geläufig: Zeus als Gott sowie Jupiter (lateinisch für Zeus), Mars und Venus als Himmelskörper. Die Venus ist der blinkende Abend- und Morgenstern. Der Monat März trägt den Namen des Kriegsgottes Mars.

**Die Unterwelt.** Weit unterhalb der Erdoberfläche liegt nach antikem Glauben eine zweite Welt – die Unterwelt, bewohnt von den Toten. Das Totenreich wird manchmal als Tartaros bezeichnet, häufiger aber als Hades. Bewacht wird der Eingang des Hades von einem hundsgestaltigen mehrköpfigen Ungeheuer namens Kerberos, dessen Name an das drohende Knurren des Hundes erinnert. «Ein furchtbarer Hund behütet den Eingang. Grausam ist er und tückischen Sinns: Wenn einer hineingeht, heißt er mit Schwanz und Ohren ihn schmeichlerisch freundlich willkommen, doch er lässt es nicht zu, dass er wieder hinausgeht, lauert ihm auf und frisst ihn, den er am Ausgang gefasst hat». (*Theogonie* 769–773, Schirnding) Im Totenland herrschen der Zeusbruder Hades und dessen Gattin Persephone.

Ihren besonderen Charakter erhält die Unterwelt durch das Totengericht. Jeder Verstorbene muss es über sich ergehen lassen, es weist ihm entweder einen angenehmen oder einen unangenehmen Aufenthaltsort zu. Demnach gibt es in der Unterwelt einen hellen Bezirk des Lohns und einen dunklen Bezirk der Strafe. In seiner zweiten olympischen Ode kommt Pindar (6. Jahrhundert v. Chr.) auf das Gericht zu sprechen: Nach dem Tod prüft Rhadámanthys den Verstorbenen, und sein Richterspruch verdammt die Frevler zu ungeahntem Unheil, das Pindar nicht weiter beschreibt. Den Guten weist er die Gefilde der Seligen zu, wo sie – angeweht von kühler Meeresluft, geschmückt mit goldenen Blüten – unter der Herrschaft des Kronos ein müheloses, von Arbeit freies Leben genießen. Zwei Bewohner der Unterwelt kommen hier ins Spiel: Rhadámanthys und Kronos. Rhadámanthys, einer der Söhne des Zeus und sagenhafter König von Kreta, wurde nach seinem eigenen Tod zum Totenrichter bestellt. Kronos, in Hesiods *Theogonie* noch im Tartaros gefangen, gilt als Herrscher der Gefilde der Seligen, so dass der Groll, den Zeus gegen seinen Vater Kronos hegte, bei Pindar vergessen scheint.

Übergeht Pindar die den Frevler erwartenden Strafen, so zeugen Literaten und Künstler von dieser Seite des Totenreichs. Eine Vase aus der Zeit um 360 v. Chr. (Abb. 1) zeigt Hades (sitzend, links) und dessen Gattin Persephone (stehend, mit ihrem Attribut: zwei brennenden Fackeln) als Zeugen eines Strafvollzugs. Eine geflügelte Erinye – eine Rachegöttin – beschäftigt sich mit zwei jungen Männern. Nackt harren die Helden Theseus und Peirithoos ihrer Züchtigung. Sie wagten, als Lebende in den Hades einzudringen. Der Gott Hades täuschte ihnen Gastfreundschaft vor, bewirtete sie, doch als sie, entkleidet, schliefen, wurden sie gefesselt. Mehrere Einzelheiten verweisen auf diesen Mythos: Die Kleider der Frevler liegen sorgfältig gebündelt neben ihnen – samt Reisehut, Keule und Spießen. Persephones Fackeln beleuchten die Szene im dunklen Hades.

16 | I Antike

**Abb. 1 In der Unterwelt.**
Unter den Augen der griechischen Unterweltsgötter Hades (sitzend) und Persephone (stehend mit Fackeln) bestraft eine Erinye zwei nackte, gefesselte Sünder. Nach Vergil müssen die beiden – Theseus und Peirithoos – ewig im Tartarus bleiben (*Aeneis* VI 601 und 618). – Moderner Stich nach einem attischen rotfigurigen Volutenkrater, ca. 360/50 v. Chr.

Wenn die im Jenseits bestraften Frevler in den Blick kommen, fehlt selten ein Hinweis auf die prominentesten unter ihnen: Tantalos und Sisyphos. Dabei kommt es nicht auf die Mitteilung ihrer Vergehen an, sondern auf die anschauliche Beschreibung ihrer Pein. Während seines Besuchs in der Unterwelt konnte Odysseus Tantalos sehen,

> der, schwere Qualen ertragend,
> in einem Teiche stand, der ihm mit dem Wasser ans Kinn schlug.
> Dürstend schien er und konnte zum Trinken es doch nicht erreichen,
> denn sooft er sich bückte, der Greis, im Wunsche zu trinken,

so oft schwand es hinweg, verschluckt, und die Erde,
 die schwarze,
kam um die Füße hervor. Ein Dämon machte sie trocken.
*Odyssee XI 582–587 (Hampe)*

Eine andere Qual erleidet Sisyphos: Er muss einen gewaltigen Felsblock einen Hügel hinaufwälzen, doch kaum ist er oben angelangt, rollt der Block wieder zurück. Sisyphos schafft ihn wieder empor, in endloser Wiederholung. Der Philosoph Albert Camus hat den bekannten Satz geprägt, man müsse sich Sisyphos als einen glücklichen Menschen vorstellen – als Existenzialisten, der sich täglich seiner ermüdenden Aufgabe widmet und gleichzeitig weiß, dass am nächsten Tag alles wieder von vorne beginnt, so dass sich kein Fortschritt zeigt (Albert Camus, *Der Mythos von Sisyphos. Ein Versuch über das Absurde*, 1942). Camus' Roman *Die Pest* bietet mit dem Arzt Dr. Rieux und dessen Kampf gegen die in der Stadt Oran wütende Epidemie ein Beispiel für die absurde und dennoch glückliche Existenz eines Menschen. Gemeint ist: Menschen wie Rieux verzichten darauf, in ihrer Tätigkeit einen Sinn zu sehen; in diesem Verzicht erfahren sie Freiheit und damit begrenztes Glück. Die alten Griechen sahen das anders: Weit davon entfernt, glücklich zu sein, ist Sisyphos ewiger Frustration preisgegeben.

Die ausführlichste Beschreibung der Unterwelt bietet Vergil in dem lateinischen Epos *Aeneis* (entstanden 31 bis 19 v. Chr.). Nach dem Untergang Trojas reist der tapfere Trojaner Aeneas, begleitet von seinen Getreuen, von Kleinasien nach Italien, wo er eine neue Heimat findet. Die zentrale Episode des Epos schildert eine Unterweltreise des Helden. Die Beschreibung der einzelnen Stationen (Abb. 2) fällt so ausführlich aus, dass vor den Augen des Lesers eine Landkarte der Unterwelt entsteht. Folgen wir Aeneas in die Unterwelt (*Aeneis*, Buch VI)!

Den Eingang zur Unterwelt findet Aeneas in der Nähe des Averner Sees, etwa 15 Kilometer westlich des heutigen Neapel. Eine Priesterin – die Sibylle von Cumae – führt ihn. Mitten in der Nacht kommen Aeneas und die Sibylle zur Öffnung einer finsteren Höhle. Noch ist der Eingang zur Unterwelt verschlos-

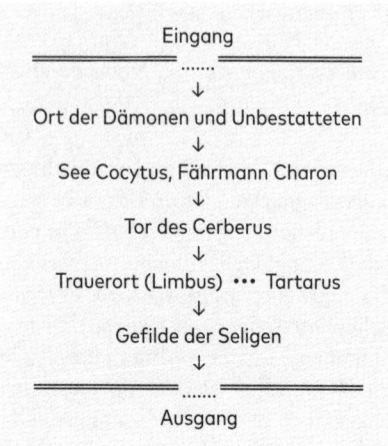

Abb. 2 Die Unterweltreise des Aeneas.
Die Reise führt zunächst zum Ort der unbestatteten Toten, dann über den See Cocytus zum Tor des Cerberus. Dahinter befinden sich die drei Aufenthaltsorte der Toten: der Trauerort, der Tartarus der Sträflinge (von Aeneas nur von Ferne gesehen) und die Gefilde der Seligen.

sen. Die ganze Nacht verbringen sie damit, Opfertiere zu schlachten und auf eigens errichteten Altären zu verbrennen – Opfer für die Götter der Unterwelt, vor allem Hekate, Göttin der Schwellen und Wege. Das Ritual ruft die Göttin herbei. Als der Tag zu dämmern beginnt, erlebt Aeneas, wie Hekate, begleitet von ihren Hunden, in der Unterwelt verschwindet. Das ist der Augenblick, an dem sich der Schlund öffnet und die Besucher in die Höhle eintreten können. Die Priesterin schreitet voran, Aeneas folgt ihr. Bald treffen sie auf Dämonen, die verschiedene Übel personifizieren: Kummer, Sorge, Krankheit, Alter und andere dem Tod verwandte Übel. Dann erreichen Aeneas und die Priesterin den Cocytus – so heißt der See, über den die Seelen der Verstorbenen in die Unterwelt gelangen. Dort trifft Aeneas den alten Fährmann Charon, der die Seelen ans andere Ufer bringt. Viele Seelen drängen sich, aber Charon weist sie ab. Er nimmt nur jene Seelen in sein Boot, die bestattet worden sind. Wer nicht bestattet worden ist, muss hundert Jahre auf die Überfahrt warten. (Griechen und Römer haben ihre Toten entweder beerdigt oder die Leichen verbrannt und dann die Asche in einer Urne bestattet.) Von Charon abgewiesen wird auch Palinurus. Wir erfahren seine Geschichte: Während der Seereise des Aeneas war Palinurus über Bord gestürzt, und nun wälzt sich seine Leiche nahe der Küste im Wasser. Palinurus bittet um Bestattung. Die kann Aeneas nicht zusagen, auch kann er Palinurus nicht über den See ans andere Ufer mitnehmen. Die Priesterin hat jedoch eine gute Nachricht für den Armen: Benachbarte Städte werden auf seinen Leichnam aufmerksam werden und ihn bestatten.

Charon will die beiden Lebenden zurückweisen, doch die Priesterin zeigt ihm einen Zweig, den er als Ausweis akzeptiert. «Erkenne diesen Zweig!», sagt sie. Von reinem Gold, stammt der Zweig von einem Baum im avernischen Hain vor der Grotte, durch welche Aeneas und die Priesterin die Unterwelt betreten haben. Nun kann Charon die beiden übersetzen. Am anderen Ufer erwartet sie der knurrende Hund Cerberus, den die Priesterin mit einer Kuchengabe beschwichtigt.

In Vergils Unterwelt lassen sich drei Bezirke, drei Aufenthaltsorte der Toten unterscheiden: Limbus, Tartarus und Elysium (so die traditionellen Bezeichnungen, die jedoch nicht von Vergil verwendet werden, sondern von modernen Kommentatoren). Das Wort Limbus bedeutet «Saum», das Randstück eines Tuchs oder Kleidungsstücks. Vergil spricht vom «Trauerort». Dort befinden sich die unglücklichen Toten: früh verstorbene Kleinkinder, zu Unrecht zum Tode Verurteilte, Selbstmörder; im Krieg Gefallene und Menschen, die vor Liebeskummer starben. Aeneas trifft Dido, seine frühere Geliebte, die verwitwete Königin von Karthago. Obwohl ihr zugetan, hatte er sie auf Geheiß des Schicksals verlassen, um seiner politischen Berufung zu folgen. Heimlich war Aeneas aus Karthago abgereist. Ihres Geliebten verlustig, hatte sich Dido das Leben genommen – und nun findet er sie am Trauerort wieder.

Aeneas sieht von weitem eine finstere Stadt, umgeben von dreifachen Mauern. Der feurige Fluss Phlegethon umgibt die Mauern zusätzlich, so dass keiner, der in der Höllenstadt Tartarus leben muss, entkommen kann. Schrecklicher Lärm tönt zu den Besuchern herüber: verzweifelte Schreie, das Zischen des Schwertes durch die Luft, dumpfes Kettengerassel. Aeneas kann diesen Bezirk der Unterwelt nicht betreten, doch die Priesterin

**Abb. 3 Aeneas in der Unterwelt.**
Der antike Künstler verbindet zwei Szenen: Aeneas, begleitet von der Sibylle, heftet den goldenen Zweig an das Tor zum Elysium; im Elysium, das die beiden durch die Pforte betreten, vertreiben sich die Helden die Zeit mit allerlei Spielen wie Ringkampf und Formationstanz. Links unten mit phrygischer Mütze drei Trojaner, rechts oben, priesterlich gekleidet, der leierspielende Sänger Orpheus als Vorsteher der Szene. – Moderner Stich nach der Illumination im vatikanischen Vergilkodex, ca. 400 n. Chr.

klärt ihn auf: Die Furie Tisiphone bewacht die Pforte der finsteren Stadt; beherrscht wird sie von dem sonst als Totenrichter bekannten Rhadamanthus.

Begleitet von der Priesterin zieht Aeneas weiter. Am Tor zum Elysium vollzieht er einen Ritus – er besprengt sich mit Wasser und heftet den goldenen Zweig an das Tor (Abb. 3). Durch die Pforte betreten sie einen lichterfüllten Ort: die elysischen Gefilde, von Vergil «fröhliche Orte» und «selige Wohnsitze» – Wohnsitze der Seligen – genannt. Die Seligen tummeln sich im Gras und im Sand. Einige tanzen und singen nach dem Flötenspiel des Priesters Orpheus. Andere, die Helden von Troja, sind mit Waffen und Pferden beschäftigt. Auf die Frage, wo Anchises, der Vater des Aeneas, wohne, kommt die Antwort: Hier gibt es keinen festen Wohnsitz. Schließlich findet Aeneas seinen Vater – und kann ihn nicht umarmen, da der Totengeist keinen

Körper besitzt. Doch Aeneas kann ihn befragen. Von Anchises erhält er Aufschluss über das Schicksal der Seelen im Elysium. Einige der Seelen werden (gemäß der Lehre von der Reinkarnation) nach langer Zeit wieder in die Welt geschickt – darunter auch jene, die zu den bedeutenden Männern der römischen Geschichte werden; namentlich genannt werden Männer wie Romulus, Caesar und Kaiser Augustus. Der Schluss wird knapp erzählt: Durch eine Pforte von Elfenbein verlassen Aeneas und die Priesterin die Unterwelt. Damit endet die bekannteste Unterweltsfahrt der antiken Literatur.

## 2 Oben und unten: Das Jenseits der Philosophen

Haben die Menschen der Antike an ihre Mythen geglaubt, in der Weise, wie fromme Christen an die Lehren ihrer Religion glauben? An die Götter des Olymps, das Totengericht, die Qualen im Tartaros und die Freuden in den Gefilden der Seligen? Die meisten Menschen haben sich darüber wenig Gedanken gemacht, schon deshalb nicht, weil es keine feste und verbindliche Jenseitslehre gab. Wer hätte eine solche auch aufstellen können? Immerhin: Manche Denker beschäftigten sich mit den Jenseitsvorstellungen der alten Mythen und gaben ein Urteil ab, das mythenbejahend oder mythenkritisch ausfallen konnte. Als erster Denker ist der in Athen wirkende Platon zu nennen.

**Platon.**  Von Platon (427–347 v. Chr.) sind zahlreiche Schriften erhalten, die bis heute einen Teil des philosophischen Studiums bilden, denn hier ist in attraktiver Dialogform das erste europäische philosophische Denksystem niedergelegt. Seine Philosophie wird oft als «Idealismus» bezeichnet, da Platon hinter allen Dingen eine göttliche Wirklichkeit, eine «Idee» annimmt, die für die konkrete Gestalt der Dinge verantwortlich ist, ohne dass diese Gestalt die Vollkommenheit der Idee erreicht. Auch über die Jenseitsmythen hat Platon viel nachgedacht und geschrieben. Den Vorstellungen vom olympischen Götterhimmel steht er kritisch gegenüber. Nach Platon sind die Götter mit den Himmelskörpern identisch, die er sich als beseelte Wesen vorstellt.

Über deren genaues Wirken gibt er keine nähere Auskunft. Obwohl von der erzieherischen Kraft der Göttergeschichten überzeugt, hält er Mythen wie die Geschichte von Zeus' Kampf gegen die Titanen, die Hesiod in der *Theogonie* erzählt, für problematisch: «Man darf niemals erzählen, dass Götter mit Göttern Streit haben, einander nachstellen und gegeneinander kämpfen – was ja auch nicht wahr ist» (Platon, *Politeia* 377 c). Der Streit unter Göttern, meint Platon, würde die Menschen nur ermutigen, mit anderen Menschen Konflikte auszutragen: «Der junge Mensch vermag nicht zu unterscheiden, was Sinnbild ist und was nicht. Was er in jungen Jahren in seine Vorstellungen aufnimmt, bleibt in der Regel unauslöschlich und unveränderlich haften. Darum ist es von größter Wichtigkeit, dass die Mythen, die er zuerst zu hören bekommt, möglichst schön ersonnen sind, um ihn zur Tüchtigkeit zu führen.» (*Politeia* 378 d–e) Ohne dass Platon dies ausdrücklich sagt, drängt sich der Eindruck auf, Mythen über die Welt der Götter vermittelten nicht Wahrheit, sondern dienten einem pädagogischen Zweck.

Der Mythos hat jedoch noch eine weitere Funktion. In mehreren seiner Dialoge lässt Platon einen der Gesprächsteilnehmer – es handelt sich immer um Sokrates – einen traditionellen Mythos in philosophischer Absicht neu erzählen, immer dann, wenn sich ein im Dialog verhandeltes Problem gegen eine begriffliche Erörterung sperrt. Dann ist die Stunde des philosophischen Mythos gekommen: der philosophisch aufbereiteten und weitergedachten Erzählung, die an traditionelle Mythen anknüpft. Alle Mythen Platons haben mit dem Jenseits zu tun. Die spekulativste mythische Erzählung finden wir im Dialog *Phaidon*, wo Sokrates vor seinem Tod durch den Giftbecher, ihm auferlegt vom Gerichtshof der Stadt Athen, die Unsterblichkeit der menschlichen Seele sowie den Gedanken an Totengericht, jenseitigen Lohn und jenseitige Strafe verteidigt.

Teil des Mythos ist eine geophysikalische Spekulation; sie will anschaulich machen, wo das Jenseits liegt. Die Erde denkt sich Platon als Kugel von gewaltiger Dimension, zerfurcht von Senken unterschiedlicher Tiefe – ausgedehnten muldenförmigen

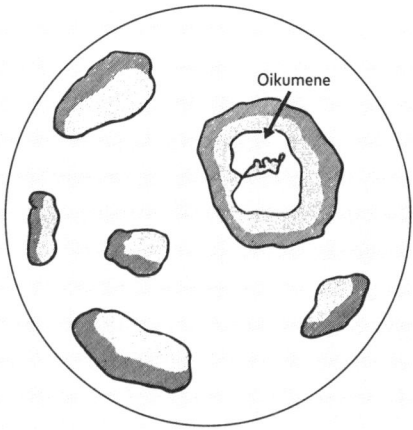

Abb. 4 «Die Erde, wenn sie jemand von oben betrachten würde» (Platon, *Phaidon* 110b). Die kugelgestaltige Erde wird von mehreren tiefen Senken zerfurcht. Auf dem Grund der größten Senke liegt, von Wasser umgeben, die von Menschen bewohnte Welt (Oikumene). Der imaginäre Betrachter blickt auf die Erde von einer Position hoch über der Oikumene. – Moderne Zeichnung.

Eintiefungen in der Oberfläche (Abb. 4). Mit Wasser gefüllt, erscheinen sie wie Pfützen. In einer – in der Zeichnung der größten – Senke tritt eine von Wasser umspülte Insel hervor. Sie stellt das bewohnte Festland dar, von den Griechen als «Ökumene» bezeichnet. Könnte man über das Wasser bis zum Rand der Senke fahren und dort emporsteigen, gelangte man auf ein hochliegendes Plateau – die «wahre Erde» (Abb. 5). Dort gibt es keine Luft mehr, sondern eine feinere Atmosphäre, von Platon Äther genannt. Das Plateau, das den größten Teil der Erdoberfläche ausmacht, leuchtet in den herrlichsten und reinsten Farben. Gold und Silber sowie unverwittertes Gestein, in der Menschenwelt als Edelstein bekannt und selten, beherrschen die Landschaft. Dort gedeihen die schönsten Gewächse. Auch Lebewesen existieren in dieser höheren Welt – Menschen mit außerordentlich feiner Sinneswahrnehmung und klarem Denken, uns weit überlegen. Ewiger Frühling ermöglicht ihnen bessere Gesundheit und längeres Leben. Auch Götter wohnen und verkehren dort: alles Züge, die an die Gefilde der Seligen in der Unterwelt erinnern, nur in eine höhere Welt versetzt – eine Welt freilich, die nicht von der Erde grundsätzlich verschieden ist.

Eine der Eintiefungen auf der Erdoberfläche (in Abb. 4 nicht

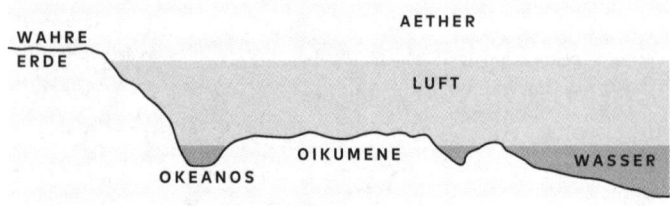

**Abb. 5 Die Erde nach Platon, Längsschnitt.**
Die bewohnte Erde (Oikumene) wird vom Meer (Okeanos) umflossen, jenseits des Meeres steigt ein gewaltiges Gebirge an (links), das zur Oberfläche der den Menschen bisher unbekannten «wahren Erde» führt. – Moderne Zeichnung.

eigens markiert) unterscheidet sich von den anderen dadurch, dass sie tief ins Innere der Erde reicht und ihr als Wasserwerk dient. Platon bezeichnet diese Eintiefung als Tartaros, gibt ihr also den Namen der griechischen Hölle. Vom Tartaros ausgehend, verbinden unterirdische Kanäle die verschiedenen Senken der Erde miteinander und versorgen sie mit Wasser. Gleichzeitig dient der Tartaros als Ort jenseitiger Bestrafung menschlicher Seelen. Während der Dialog *Phaidon* den guten Seelen nach dem Tod einen Ort in der «oberen», wahren Welt zuweist, lässt er die bösen Seelen im Innern des Erdballs bestrafen. Damit hat Platon das überlieferte Weltbild der mythischen Tradition umgestaltet: Fortan sollte – für antike Philosophen wie später für christliche Denker – der Ort der jenseitigen Belohnung stets «oben» sein, nicht mehr in der Unterwelt wie bei Hesiod (und Vergil – dazu gleich mehr).

Diese geophysikalische Spekulation scheint Platon nicht selbst entwickelt zu haben. Sie geht vermutlich auf den philosophischen Geheimbund der Pythagoreer zurück, ist jedoch im *Phaidon* erstmals quellenmäßig greifbar. Das gilt auch für die Kugelgestalt der Erde – eine damals neue, hier erstmals belegte Lehrmeinung.

Erhebt die pythagoreische Geophysik des *Phaidon*-Dialogs Anspruch auf Wahrheit? Platon ist nicht so naiv, seine geophysikalische Spekulation einfach für bare Münze zu nehmen. Deshalb lässt er Sokrates erklären, kein vernünftiger Mensch werde das annehmen. Vielmehr sei die Wahrheit dem Mythos ähnlich. Platon will an der Unsterblichkeit der menschlichen Seele und ihrer Bestimmung für einen höheren Ort festhalten. Dieser Ort, davon ist Platon überzeugt, kann nur durch ein tugendhaftes Leben erlangt werden. Danach soll man streben, denn «schön ist der [zu gewinnende] Preis und die Hoffnung groß» (*Phaidon* 114c). Die platonische Spekulation zielt demnach auf Ethik. Platon besteht nicht auf der Wahrheit seiner Geophysik, sondern auf der Dringlichkeit, die Menschen in diesem Leben zur Tugend zu führen. Auch in einem anderen Dialog, wo Sokrates einen ähnlichen Jenseitsmythos vorträgt, lautet dessen Kommentar: «Das klingt nun doch einigermaßen absurd. Es macht aber deutlich, wozu ich dich überreden möchte: anstatt des unersättlichen, ausgelassenen und ungebundenen Lebens – das besonnene Leben zu wählen, und stets mit dem Vorhandenen zufrieden zu sein.» (*Gorgias* 493c)

Platon lässt Sokrates seinen Mythos als Versuch, als denkerisches Experiment darstellen. Die Lehre wird mit dem Zusatz der letzten Ungewissheit vorgetragen. Niemand darf die philosophischen Mythen für die Wahrheit selbst ausgeben. Wer der platonischen Schule folgt, bekennt sich zu einer Denktradition, ohne sich im Besitz einer endgültig formulierten Lehre und unumstößlichen Wahrheit zu wissen. Die platonischen Mythen dienen der Veranschaulichung und spekulativen Fortführung der Lehre ohne letzten Anspruch auf Verbindlichkeit. Auch wenn ihnen innerhalb der Schule Platons eine kanonische Würde zukommt, verhärten sie sich nicht zu festen Dogmen. Jeder Philosoph kann Mythen erfinden, ihr Repertoire ist nicht abgeschlossen. Mythen stehen der Revision offen.

**Plutarch.** Spätere Anhänger Platons haben den Mythos des *Phaidon* nicht übernommen, sondern durch einen anderen Mythos ersetzt. Überliefert ist er in zwei kleinen Schriften des Plutarch (46–120), beide um das Jahr 100 entstanden: *Über das in der Mondscheibe erscheinende Gesicht* – oder einfach *Das Mondgesicht* – und *Über das Daimonion des Sokrates*. Plut-

> *Sonne* – Ort der Götter und der reinsten menschlichen Seelen
>
> *Mond* – Ort des Elysiums
>
> *Hades* – Raum zwischen Erde und Mond, Reinigungsort der Toten
>
> - - - - - - - - - - - - - - - - - - - - - - - - - - - -
>
> *Erde* – Wohnstätte der Menschen

**Abb. 6 Die Jenseitswelt nach Plutarch.**
Von der Erde aufsteigend kann die Seele eines gerechten Philosophen nach dem Tod bis zur Welt der Götter gelangen. Die gestrichelte Linie markiert die Grenze zwischen Diesseits (unten) und Jenseits (oben).

arch – oder die philosophische Tradition, aus der er schöpft – verzichtet auf den Tartaros im Erdinneren ebenso wie auf die Annahme eines Totengerichts. Plutarch kennt Hades, Mond und Sonne als drei übereinandergeschichtete Jenseitsorte. Plutarchs Jenseits lässt sich durch eine von der Erde zu Mond und Sonne emporführende Treppe veranschaulichen (Abb. 6).

Stirbt jemand, so verlässt die Seele – bei Plutarch *nous* «Geist» oder *daimon* «Dämon» – den Körper. Der Körper bleibt leblos auf der Erde zurück, während die Seele zum Hades aufsteigt. Je grösser die Sündenlast der Seele, desto näher bleibt sie bei der Erde, um in der Luft einem Reinigungsprozess ausgesetzt zu werden. Wer über ein hohes Maß an Reinheit verfügt, steigt in die Nähe des Mondes empor, um dort in bereits angenehmer Atmosphäre seine Reinigung zu vollenden. Ist der Reinigungsprozess abgeschlossen, steigt die Seele weiter auf, um für einige Zeit auf dem Mond eine Bleibestätte zu finden. Plutarch beschreibt die dortigen Verhältnisse:

> Die Seelen, die nach oben [auf den Mond] gelangt sind und festen Fuß gefasst haben, ziehen zuerst wie Sieger einher, bekränzt mit einer Federkrone, die «Krone der Selbstzucht» heißt, weil sie das Vernunftlose und Leidenschaftliche der Seele in ihrem Leben der Vernunft in schönem Gehorsam unterordneten und in Zucht hielten. Sodann [werden sie verwandelt] durch den Äther, der den Mond umgibt. Anfangs gleichen sie dem Aussehen nach einem Lichtstrahl und der Natur nach dem Feuer, wie es bei uns

nach oben strebt. Nun [auf dem Mond] erhalten sie Festigkeit und Stärke.

Plutarch, *Das Mondgesicht 28 (Görgemanns)*

Die Mehrzahl der Menschen bleibt nur kurz auf dem Mond, ohne Aufenthalt im Elysium. Ihre Geistseele, die sich nach dem Körper sehnt, wird auf die Erde zurückgeschickt, um sich (nach der Lehre von der Reinkarnation) wieder mit einem menschlichen Körper zu verbinden und ein weiteres menschliches Leben zu führen – oder als Dämon Dienste auf der Erde zu versehen, etwa als Wächter und Rächer von Unrecht. Nur wenige Menschen – wie vielleicht Sokrates – können lange im Elysium bleiben und schließlich zur rein geistigen Welt der Sonne aufsteigen, um nie wieder zur Erde zurückzukehren.

An dieser Stelle ist ein Blick zurück zu Vergils *Aeneis* aufschlussreich. Obwohl fast ein Jahrhundert vor Plutarchs Schriften entstanden, atmet die *Aeneis* bereits denselben Geist. Als Aeneas in der Unterwelt seinen Vater Anchises trifft, erhält er Belehrung über das Schicksal der Menschen nach dem Tode. Doch was Anchises erklärt, entspricht nicht dem, was Aeneas in der Unterwelt sieht und erlebt: Sein Vater spricht nicht von einem Abstieg in die Unterwelt, sondern von einem Aufstieg der Seele in höhere Regionen. Wenn der Tod eintritt, verlässt die Geistseele den Körper. Da die Seele durch ihre Verbindung mit dem Körper befleckt ist, muss eine Reinigung erfolgen. Insbesondere sind alle im irdischen Leben begangenen Verfehlungen zu sühnen. Das geschieht zwischen Erde und Mond, wo die Seelen der Toten umherirren, gequält und dadurch gereinigt von Wind, Wasser und Feuer:

> Die einen schweben ausgespannt im Winde,
> den andern wird der Sünde Keim geläutert
> im Wasserwirbel oder Feuersbrand.
> Ein jeder büßt, wie es sein Dämon heischt.
>
> Vergil, *Aeneis VI 740–743 (Eduard Norden)*

Warum liefert Vergil zwei Fassungen des Jenseits – eine mythologische Schilderung der Unterwelt im Innern der Erde und einen philosophischen Mythos von Aufstieg und Reinigung der Seele? Die Antwort liegt nahe: Als Schriftsteller begeistert sich Vergil für die alten Mythen, die er in elegante Verse bringt; als Denker ist er der mittelplatonischen Philosophie verpflichtet, die sich von einem Glauben an die alte Mythologie längst verabschiedet hat. Der Mythos ist philosophisch unterwandert. Kennzeichnend für den philosophischen Geist der Zeit eines Vergil und eines Plutarch ist ein Wort von Cicero: Heutzutage haben nicht einmal mehr alte Weiber Angst vor der Unterwelt, denn alle wissen, dass es sich um Phantasiegebilde handelt (Cicero, *Tusculanae disputationes* I 21). Dagegen hegen alle, einschließlich der Philosophen wie Cicero, den Glauben an einen Himmel: «Allen, die das Vaterland gerettet, unterstützt, gefördert haben, ist im Himmel ein fester Platz bestimmt, wo sie glücklich ein ewiges Leben genießen.» (Cicero, *Scipios Traum* 13)

**Epikur und Lukrez.** In der Antike gelten Platon und Plutarch als mythologischer und philosophischer Spekulation zugeneigte Denker; heute würde man sie als konservativ bezeichnen. Den Konservativen stehen kritische, fortschrittliche Philosophen gegenüber, welche die platonische Freude am Spekulieren und am Glauben an ein Jenseits für veraltet und überholt halten. Hauptvertreter der neuen kritischen Philosophie ist der Grieche Epikur (341–270 v. Chr.); ihm gelingt es, eine eigene philosophische Richtung zu etablieren und im Jahr 306 eine Schule in Athen zu gründen. Epikur und seine Anhänger – dazu gehört der römische Epikureer Lukrez (97–55 v. Chr.) – lehnen die gesamte Jenseitslehre der platonischen Schule ab. Die umfangreichste antike Darlegung der epikureischen Jenseitskritik findet sich in dem Buch *Über die Natur der Dinge* des Lukrez.

Lukrez setzt mit einer Überlegung über menschliches Träumen ein. In Träumen erleben wir manchmal geheimnisvolle Wesen in Tier- oder Menschengestalt. Sie verleiten uns dazu, ihnen eine wirkliche Existenz zuzuerkennen, das Vorhandensein der Welt als ihr Werk zu verstehen und bestimmte Naturerscheinungen auf ihr Wirken zurückzuführen – so Donner und Blitz auf das Wirken des Zeus. Ihnen zur Ehre erbaut man Tempel und bringt Opfer dar – alles überflüssig! Da wir in Träumen mitunter auch Menschen erleben, die bereits tot sind, schreiben wir ihnen ein postmortales Leben zu. Götter- und Totenglaube, miteinander verknüpft, haben den Menschen zur Angst vor dem Sterben geführt, bedingt durch die Annahme, die Götter würden uns für die im irdischen Leben begangenen Sünden bestrafen – alles unbegründet! Denn es gibt kein Leben nach dem Tod und also auch keine Strafe in den Tiefen des Tartaros. Der Tod bedeutet die Auflösung des menschlichen Körpers, des menschlichen Geistes und der menschlichen Seele in ihre letzten Bestandteile, die Urelemente oder Atome.

Den Glauben an die Existenz von Göttern will Lukrez nicht ganz aufgeben. Die Götter, meint er, lebten weder auf der Erde noch auf den Himmelskörpern, sondern schwebend im Weltall (in den «Intermundien»). Mit der Erschaffung der Erde und deren Lebewesen hätten sie nichts zu tun. Sie genügten sich selbst, seien glücklich und kümmerten sich nicht um die Menschen. Niemand brauche sich vor ihnen, ihrer Strafe, ihrer Rache oder Willkür zu fürchten. Die wahrhaft Weisen unter den Menschen empfingen im Geist Bilder der Götter und könnten so an deren erhabener Ruhe teilhaben. Ob es nun Götter gibt oder nicht, fest steht dies: Die Zeitgenossen des Lukrez und wohl auch Lukrez selbst lebten in einer Welt, wo – nach einem Wort von Karl Jaspers – noch «der schärfste antike Unglaube geborgen war in der Gestaltenfülle einer nicht verlassenen mythischen Wirklichkeit.» (Jaspers, *Die geistige Situation der Zeit*, 1931, S. 17)

### 3 Kulturen der Gewalt, des Rechts und der Reflexion

Einen ersten Zugang zu den Jenseitsvorstellungen der Antike bietet die Unterscheidung zwischen Mythologie und Philosophie. Eine eingehendere Interpretation lässt sich durch die Unterscheidung dreier Kulturen gewinnen, die einander ablösen: Gewaltkultur, Rechtskultur und Reflexionskultur.

Zeus verdrängt die ältere Generation, indem er sie in den Tartaros sperrt und so aus dem Weg räumt; dann überwältigt er einen Drachen, den er ebenfalls in diesen marginalen Bereich der Welt verbannt, für immer. Die Weltherrschaft des Zeus gründet sich auf Kampf, Krieg, Gewalt und List. Darin spiegelt sich eine Zeit der frühen Menschheit, in der das Recht des Stärkeren galt. Der Stärkere bestimmt, was gilt. Er prägt der Gesellschaft – der Götter und auch der Menschen – die ihm genehme Ordnung auf, eine Ordnung, die vornehmlich auf die Machterhaltung des Gewaltherrschers, des Tyrannen zielt. Die Gewaltkultur ist nicht auf das frühe Griechenland beschränkt, sondern ein weltweites Phänomen der frühen menschlichen Kultur. Daher verwundert es nicht, dass ein Gewaltmythos der Kultur des Alten Orients in Hesiods *Theogonie* Eingang gefunden hat. Im babylonischen Schöpfungsepos *Eūma elisch* aus dem 2. Jahrtausend v. Chr. kann der Gott Marduk erst nach der Überwältigung des riesenhaften Drachens Tiámat die Welt erschaffen und ordnen. Dieser alte Mythos gelangte nach Griechenland, und Hesiod nutzt ihn für seine Darstellung des Aufstiegs von Zeus. Die Erzählung von der Überwältigung des Drachens dient der Propaganda des Marduk wie des Zeus: Für den Sieg über den Drachen gebührt dem Helden die Herrschaft als ewiger Lohn. Solange Zeus (oder Marduk) herrscht, ist die Welt vor dem Drachen sicher.

Die Gewaltkultur weicht einer Rechtskultur. In dieser gilt nicht das zweifelhafte Recht des Stärkeren, sondern das wirkliche Recht, vom Unrecht nach moralischem Maßstab unterschieden. Gab es bisher nur den Überlegenen und den Schwachen, so gibt es nun den Guten und den Bösen, den Gerechten und den Frevler. Hatten in der Gewaltkultur die Krieger das Sagen, so müssen sie sich nun die Herrschaft mit den Schreibern (den Intellektuellen) teilen und deren Rechtskultur akzeptieren. Zum Recht aber gehören Gericht und Rechtsprechung, im Totengericht mythologisch gespiegelt. Nach einer geläufigen religionsgeschichtlichen Theorie hat sich die Vorstellung vom Totengericht zuerst im Alten Ägypten des 2. Jahrtausends v. Chr. gebildet und sich von dort durch Kulturkontakt ausgebreitet. Demnach hätten die frühen Griechen die Idee des Totengerichts und die damit verbundene Vorstellung von Lohn und Strafe, von gutem und bösem Geschick der Toten ägyptischer Mythologie nachgebildet. Die Totenrichter Minos und Rhádamanthys hätten demnach ihr Vorbild in Osiris, dem Totenrichter der Ägypter. Die Rezeption der ursprünglich fremden Vorstellung fiel in einer Zeit nicht schwer, in der die Rechtskultur alle Bereiche des antiken Lebens zu beherrschen begann. Dennoch besteht ein erheblicher Unterschied zwischen dem ägyptischen und dem griechischen Jenseits: Wer von Osiris verurteilt wird, fällt grausamer Auslöschung anheim, während der von Minos oder Rhadámanthys Verurteilte eine ewige Strafe zu gewärtigen hat. Das ist leicht zu verstehen: Anders als der griechische Totenglaube kennen die alten Ägypter keine unsterbliche Seele. So betrachtet erscheint die ewige Höllenstrafe als eine Erfindung der alten Griechen.

Ergänzt wird die Kultur des Rechts durch eine Reflexionskultur. In Griechenland blüht sie seit dem späten fünften Jahrhundert v. Chr. in außerordentlichem Maße. Von ihr geschaffen, zählt die Philosophie zu den großen kulturellen Leistungen der Menschheit. In der Reflexionskultur werden die älteren Jenseitsmythen in ihrer Bedeutung eingeschränkt, oder, im Extremfall eines Epikur und Lukrez, ihres Wahrheitsanspruchs für gänzlich verlustig erklärt. Der Mythos wird von den Intellektuellen – den Philosophen – mit einem Vorbehalt versehen: Mythen sind nicht im wörtlichen Sinne wahr, wenngleich sie auf Wahres verweisen. Da Platon die entsprechende Klausel Sokrates in den Mund legt, mag man von einem «sokratischen Vorbehalt» sprechen. Die für die antike Reflexionskultur bezeichnendste Auffassung ist jene, die im Mythos von Lohn und Strafe weniger metaphysische Wahrheit als Ansporn zum gerechten Verhalten im Diesseits sieht. Diese Auffassung spricht dem Mythos eine pädagogische Bedeutung zu, lässt jedoch die Frage nach seiner weiteren Geltung offen oder einfach außer Betracht. Erst viel später, in der neukantianischen Philosophie, kann man sagen: Man soll sich im Leben so verhalten, als würde den Einzelnen nach seinem Tod tatsächlich Lohn oder Strafe erwarten (Hans Vaihinger, *Die Philosophie des Als Ob*, 1911). Kraft ihrer pädagogischen Leistung kommt den Jenseitsmythen bleibender Wert zu, und Philosophen zögern nicht, diesen Wert zu würdigen.

# II Antikes Judentum und frühes Christentum: Himmel, Hölle und Gericht

Die Jenseitsvorstellungen des Alten Israel und des frühen Christentums gehören zu den weltgeschichtlich einflussreichsten religiösen Lehren. Zu finden sind sie in zwei antiken Büchersammlungen: den Schriften Israels, der Hebräischen Bibel, und dem Neuen Testament der frühen Christen. Die Hebräische Bibel der Juden bildet als Altes Testament zusammen mit dem Neuen Testament die christliche Bibel oder Heilige Schrift.

Die in die Bibel aufgenommenen Schriften sind unterschiedlichen Alters. Nach heutiger Forschung reichen manche Werke des Alten Testaments in das 8. Jahrhundert v. Chr. zurück; die spätesten Stücke des Neuen Testaments datieren wohl aus dem ausgehenden 2. Jahrhundert n. Chr. Entsprechend der langen Entstehungszeit ist ein mehrschichtiges, kein einheitliches Jenseitsbild zu erwarten. Ältere Vorstellungen wurzeln in der Götterwelt des Alten Orients. Die frühchristliche Rede von Totengericht und Jenseitsqualen knüpft an die antiken Vorstellungen an, die im vorigen Kapitel dargestellt sind. Gelegentlich helfen uns in biblischen Ländern gefundene antike Objekte, die Bibel besser zu verstehen; deshalb werden wir auf ein mit bildlicher Darstellung versehenes althebräisches Stempelsiegel (aufbewahrt im Rockefeller-Museum in Jerusalem) und einen griechischen Zauberpapyrus (Bibliothèque nationale, Paris) zurückgreifen.

Bevor die klassischen Jenseitsorte der Toten – Himmel und Hölle – vorgestellt werden, ist ein Blick auf Gottes eigenen Himmel samt dessen Bewohnern zu werfen.

## 1 Gottes Himmel und sein Personal

Eine moderne Skizze des biblischen Weltbildes vermittelt eine erste Anschauung (Abb. 7). Ganz oben, außerhalb des die Schöp-

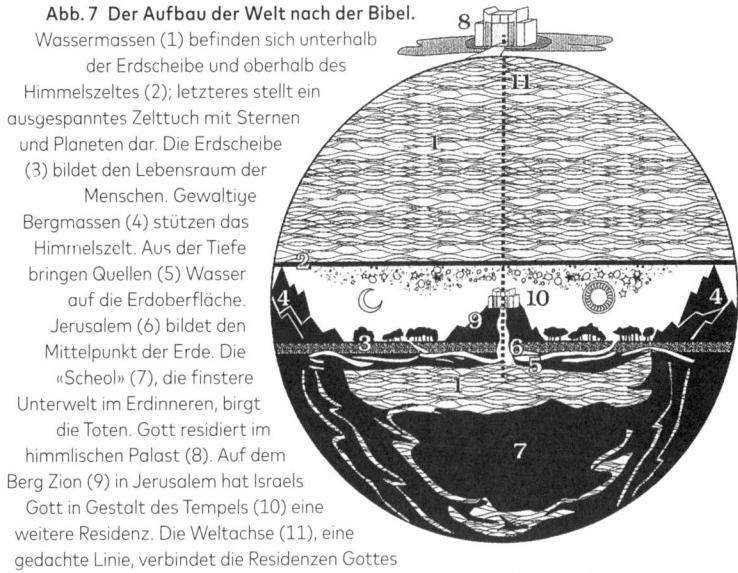

**Abb. 7 Der Aufbau der Welt nach der Bibel.**
Wassermassen (1) befinden sich unterhalb der Erdscheibe und oberhalb des Himmelszeltes (2); letzteres stellt ein ausgespanntes Zelttuch mit Sternen und Planeten dar. Die Erdscheibe (3) bildet den Lebensraum der Menschen. Gewaltige Bergmassen (4) stützen das Himmelszelt. Aus der Tiefe bringen Quellen (5) Wasser auf die Erdoberfläche. Jerusalem (6) bildet den Mittelpunkt der Erde. Die «Scheol» (7), die finstere Unterwelt im Erdinneren, birgt die Toten. Gott residiert im himmlischen Palast (8). Auf dem Berg Zion (9) in Jerusalem hat Israels Gott in Gestalt des Tempels (10) eine weitere Residenz. Die Weltachse (11), eine gedachte Linie, verbindet die Residenzen Gottes im Diesseits (unten) und Jenseits (oben). – Moderne Zeichnung.

fung umschließenden Kreises, befindet sich Gottes himmlischer Palast. In der Mitte des Kreises sehen wir, den Himmel nach unten abschließend, das ausgespannte Himmelszelt mit Sternen, Mond (links) und Sonne (rechts), darunter Luftraum und Erdoberfläche. Weiter unten, mit der Ziffer 7 bezeichnet, eine gewaltige Höhle – die Unterwelt. Zwei Bezirke des Jenseits lassen sich erkennen: ganz oben die himmlische Welt Gottes mit Gottes Palast, ganz unten die Totenwelt im Erdinnern.

Die Mitte des Himmels bildet der Palast Jahwes, die Mitte des Palasts der Gott Jahwe selbst. Ein kleinformatiges Stempelsiegel, um 700 v. Chr. geschnitten, lässt uns Gottes Thronsaal betreten. Auf die eine Seite des Siegels ist der Name des Auftraggebers graviert – Aschjahu Sohn des Maschmasch –, auf die andere Seite das Bild eines thronenden Gottes (Abb. 8). Es kann sich nur um das Bild des Gottes handeln, der im Jerusalemer Tempel jener Zeit verehrt wird. Aus der Bibel und althebräischen Inschriften kennen wir seinen Namen – «Jahu» oder «Jahwe»,

**Abb. 8 Thronender Gott.**
Das zwischen Mondsichel (links) und vier Sternen (rechts als Lehne des Thronsessels) platzierte kreisrunde Haupt des bärtigen Gottes stellt die Sonne dar. Links vor dem Thron die ägyptische Hieroglyphe «anch» in der Bedeutung «Leben», vom Sonnengott der Welt geschenkt. Ohne Sonnenlicht kein Leben. Das Siegel gilt als Darstellung des in Jerusalem als Sonnengott verehrten Jahwe. – Althebräisches Siegel, ca. 700 v. Chr.

ohne dass die antike Aussprache zweifelsfrei rekonstruierbar wäre.

Zu sehen ist eine bärtige Gestalt, angetan mit knöchellangem Gewand, auf einem Thron, den Arm zum Segensgruß erhoben, rechts oben die Mondsichel, darunter das ägyptische Henkelkreuz ☥ (*anch* in der Bedeutung «Lebenskraft»), alles nur grob ausgeführt. Die eigenartig runde Form des Kopfes lässt sich als Sonne verstehen, die zwischen der Mondsichel (links) und vier Sternen (rechts) steht. Der in Jerusalem verehrte Gott ist ein Himmels- und Sonnengott mit Beziehungen zu Ägypten. Mond und Sterne bilden Jahwes lichtgestaltigen Hofstaat. Erhebt Jahwe seine Hand zum Segensgruß, wird die Erde von seiner Herrlichkeit – seinen Sonnenstrahlen – erfüllt und mit Lebenskraft beschenkt. Als der Siegelschneider arbeitete, hinderte ihn kein Verbot, Gott bildlich darzustellen; ein solches Verbot scheint erst etwa zweihundert Jahre nach Entstehung des Stempelsiegels aufgekommen oder wirksam geworden zu sein.

Das moderne Wort «Monotheismus», heute oft zur Kennzeichnung der Gottesvorstellung in Judentum, Christentum und Islam gebraucht, legt nahe, nur einen einzigen Bewohner des himmlischen Palastes anzunehmen. Gott wäre dann als einsamer Bewohner eines weitläufigen Schlosses vorzustellen, dessen einziges Vergnügen die Fernüberwachung der Erde wäre. Wie der aufmerksame Leser der biblischen Schriften unschwer feststellen kann, sicht es im Himmel anders aus: belebter und leben-

|   | | älteres Israel | frühes Judentum, Christentum |
|---|---|---|---|
| I | Besitzer der Welt | El (oder Jahwe) und dessen Gemahlin | Gott und dessen Stellvertreter |
| II | regierende Götter | 70 Söhne Els | 24 Älteste (Engel) |
| III | Götter mit besonderen Aufgaben | Chokma (Weisheit), Satan (Widersacher) | 7 Erzengel (Michael, Gabriel, Raphael …) |
| IV | Dienstpersonal | 4 Thronträger (Kerubim), 4 Zugtiere («Lebewesen»), 7 Feuergeister (Serafim) | 4 Thronassistenten (Chajjot «Lebewesen»), 7 Feuergeister, viele Engel |

**Abb. 9 Gott und die Weltregierung im biblischen Himmel.**
Das Schaubild ist von oben nach unten zu lesen: An der Spitze steht der monotheistische Gott, gefolgt von anderen, ihm dienenden Wesen in absteigender Rangfolge. Das ältere Israel, in der Bibel nur noch undeutlich erkennbar, hatte zum Teil andere Vorstellungen als das frühe Judentum und das frühe Christentum.

diger. Von vielen Wesen umgeben, führt der biblische Gott alles andere als ein eintöniges Leben. Wie das Schaubild zeigt (Abb. 9), wird der Himmel von einer geschichteten Gesellschaft bevölkert.

Das auffälligste Merkmal des Himmels, im Schaubild deutlich erkennbar, ist die hierarchische Schichtung der Himmelsbewohner. Die Tabelle unterscheidet vier Rangstufen (I bis IV), die im älteren Israel (9. bis 6. Jahrhundert v. Chr.) und im frühen Judentum und Christentum (5. Jahrhundert v. bis 2. Jahrhundert n. Chr.) zum Teil unterschiedlich besetzt sind. Dieser Wandel fasziniert die Forschung, wenngleich sie ihn nur versuchsweise rekonstruieren kann.

**Gott als Besitzer der Welt – und sein Stellvertreter.** Ein einziger Gott steht unbestritten an der Spitze: der Schöpfer und Eigentümer des Universums. Wie in der Tabelle angedeutet, scheint der Name Gottes ursprünglich «El» oder «Elohim» gelautet zu haben; darauf weist auch der Name Isra-el hin. Zweifellos hat man El mit Jahwe gleichgesetzt, so dass es zwei Namen für den einen Gott gab. Die Bibel bezeichnet ihn gelegentlich als «Jahwe Zebaot», von der Tradition als «Herr der himmlischen Heerscharen» gedeutet, von heutiger Forschung aber als «Jahwe, der Thronende» verstanden (wie Abb. 8). In älterer Zeit, so darf man annehmen, hat ihm eine Gemahlin Söhne und Töchter geboren; später verlor sich die Idee der Gottesgemahlin. Wie das kam, ist schwer zu erklären. Nach einer religionsgeschichtlichen Hypothese hat die Gestalt Jahwes einen doppelten Ursprung: In Jerusalem ist sein Vorbild ein Sonnengott mit Gemahlin, in Nordpalästina wird er als unverheirateter Wüstengott verehrt (ähnlich schon Sigmund Freud, *Der Mann Moses und die monotheistische Religion*, 1939). Der biblische Jahwe hätte demnach seine Söhne und seine Tochter vom Jerusalemer Gott, die Ehelosigkeit jedoch vom Wüstengott geerbt.

Gottes Stellvertreter ist eine geheimnisvolle Gestalt – geheimnisvoll deshalb, weil es sie nach Ausweis der Bibel zwar gibt, jedoch keine genaue Vorstellung von ihren Aufgaben vermittelt wird. Um Gottes Stellvertreter zu erfassen, ist zwischen dem Alten und dem Neuen Testament zu unterscheiden, da zwei unterschiedliche Auffassungen vorliegen.

Im Alten Testament vertritt Jahwes Stellvertreter Gottes kriegerische Seite. Nie hat er einen Namen, jedoch sagt Jahwe selbst, sein (Gottes) Name – oder Wesen – sei «in ihm (gegenwärtig)» (Ex 23,21). Der Stellvertreter überfällt Jakob, den Erzvater Israels, und ringt mit ihm (Gen 32,23–33). Später erscheint er dem israelitischen Feldherrn Josua vor einer Schlacht und identifiziert sich als «Anführer des Heeres Jahwes» (Jos 5,14). Eine nähere Beschreibung scheint sich im Buch Daniel zu finden: «Ich blickte auf», berichtet Daniel, «und siehe, da war ein Mann, in Leinen gekleidet, um die Hüfte ein Gürtel aus feinstem Gold. Sein Körper glich einem Chrysolith, das Gesicht leuchtete wie ein Blitz, die Augen waren wie brennende Fackeln. Die Arme und Beine glänzten wie polierte Bronze. Seine Worte waren wie das Getöse einer großen Menschenmenge.» (Dan 10,5–6) Nach solchen Belegen agiert Gottes Stellvertreter nicht im Himmel, sondern auf der Erde. Nur einmal ist von ihm im Himmel die Rede: In einer Traumvision erlebt der Seher Daniel, wie Gott einer geheimnisvollen Gestalt – einem «Menschensohn», also einem menschengestaltigen Wesen, – Herrschaftsaufgaben überträgt (Dan 7). Die Debatte um einen solchen Doppelgänger oder Stellvertreter Gottes lässt sich anhand von außerbiblischen Quellen tief in die jüdische Geschichte hinein verfolgen. Die jüdische Tradition hat die Debatte auf die Formel «zwei Mächte im Himmel» gebracht.

Die frühen Christen identifizierten Gottes Stellvertreter mit ihrem Propheten Jesus von Nazareth. Versehen wurde er mit einer mythischen Erzählung: Bereits vor seiner irdischen Geburt habe er sich im Himmel bei Gott befunden; dann sei er auf die Erde herabgestiegen, um nach vollzogener Offenbarung wieder in den Himmel zurückzukehren – so ausdrücklich im Johannesevangelium. Nach dem Buch der Offenbarung konnte der Seher Johannes Jesus Christus zweimal wahrnehmen: einmal, als sich ihm Christus in der irdischen Welt offenbarte, und einmal, als er, Johannes, in den Himmel entrückt wurde. Auf Erden erscheint Christus als «bekleidet mit einem Gewand bis auf die Füße, um die Brust einen Gürtel aus Gold». Haupt und Haare sind weiß wie Wolle und Schnee, die Augen wie Feuerflammen (Offb 1,13–15) – ganz so, wie bereits Daniel ihn gesehen hatte. Im Himmel dagegen erscheint Christus als Lamm, zusammen mit Gott von «allen Geschöpfen im Himmel und auf der Erde» verehrt (5,13). «Lamm» oder «Widder» ist das Codewort für Christus. Der biblische Autor scheint sich Christus als Menschen vorzustellen, dessen Haupt eine mit Hörnern versehene Tiermaske verhüllt. Solche Masken sind als Kultmasken ägyptischer Priester bekannt. Doch so sehr die Maskenidee uns eine Vorstellung von der Szene vermittelt, so unklar bleibt auch hier noch manches. Steht der Maskenträger «in der Mitte vor dem Thron» (7,17) – so die Einheitsübersetzung, oder ist vom «Lamm mitten auf dem Thron» die Rede – so die lateinische Bibelübersetzung und Luther. Jedenfalls ist der Stellvertreter eng mit dem göttlichen Thron verbunden.

Was ist die Aufgabe des göttlichen Stellvertreters – die Aufgabe Jesu Christi – im Himmel und damit in der göttlichen Weltregierung? Wie wir noch sehen werden, hat er eine klare Aufgabe – als Totenrichter.

**Die regierenden Götter.** Gott herrscht, aber er regiert nicht. Die Regierungsgeschäfte delegiert er an seine Söhne. Von diesen heißt es, Jahwe habe die Völker unter sie verteilt, damit jeder ein Volk regiere (Dtn 32,8, Text der Einheitsübersetzung). Die Zahl der Söhne wird nicht angegeben; zu denken ist an eine Zahl wie siebzig, denn die biblische Völkertafel (Gen 10) führt siebzig oder zweiundsiebzig verschiedene Völker der Erde auf, auch wenn diese nicht durchgezählt werden. Als Treffpunkt der Söhne dient der – mythische, geographisch nicht lokalisierbare – «Berg der Versammlung» (Jes 14,13), gelegen «im Norden». Dort versammeln sich die «Söhne Gottes» unter Jahwes Vorsitz.

Gottes Verhältnis zu seinen Söhnen war nicht durchweg harmonisch. Nach einer in den Psalmen überlieferten Episode ist Gott mit der Regierung seiner Söhne unzufrieden, setzt alle ab und gibt sie dem Tod preis (Ps 82). Die Absetzung hat einen Umbau der göttlichen Weltregierung zur Folge: An die Stelle des aristokratischen Systems tritt ein autokratisches. Die Regierungsgeschäfte werden fortan unter Jahwes Vorsitz von einem Thronrat geführt, gebildet von vierundzwanzig Ältesten (Offb 4,4) – das Wort «Älteste» bezeichnet in der griechischen Welt die Mitglieder eines Verwaltungsgremiums (Gerusie). Die Zahl 24 steht für Vollständigkeit, wie bei den vierundzwanzig Stunden des Tages und den vierundzwanzig Buchstaben des griechischen Alphabets. Die Ältesten sind Engel; von Gottessöhnen ist nicht mehr die Rede. Zumindest einzelne Mitglieder des Thronrats fungieren auch als Interessenvertreter der Menschen; der verzweifelte Hiob hofft auf Fürsprache, und Jesus ist von deren Wirksamkeit für Gläubige überzeugt (Hi 33,24; Mt 18,10). Wenn das Buch der Offenbarung die Ältesten mit Harfen ausstattet (Offb 5,8) und singen lässt, handelt es sich um Szenen der akklamatorischen Begrüßung Gottes; diese gehört zum höfischen Zeremoniell und damit zu den Aufgaben der «Beamten» der göttlichen Regierung.

Nach dem Buch Daniel scheint Jahwe nicht mehr die volle Kontrolle über die Welt zu besitzen. Der Thronrat der Vierundzwanzig ist ihm treu ergeben, nicht jedoch jene Engel, die als «Völkerengel» jeweils über ein bestimmtes Volk – etwa die Griechen oder Perser – herrschen. Um der Situation wieder Herr zu werden, bedient sich Gott einer anderen Gruppe von Göttern – der Götter mit besonderen Aufgaben.

**Götter mit besonderen Aufgaben.** Zur dritten Rangstufe gehören Gestalten mit eng begrenzter, genau umschriebener Aufgabe. Aus älterer Zeit sind zwei von ihnen bekannt: Chokma und Satan. Die einzige uns bekannte Tochter Jahwes, Chokma («Weisheit») mit Namen, versieht einen besonderen Dienst: Sie vermittelt Weisheit an alle, die entweder als Könige unmittelbar regieren oder als Beamte für die Regierung arbeiten (Spr 8,15–16). In spätbiblischer Zeit kann Sophia – so ihr griechischer Name – sogar als «Beisitzerin» (*parhedros*) des göttlichen Thrones bezeichnet werden (Weish 9,4): Gott teilt den Thron mit seiner Helferin und Mitregentin Sophia.

Bei Satan (hebräisch für «Angreifer») liegen die Dinge anders, denn er wirkt nicht an der Weltregierung mit; vielmehr greift er störend ein – als Saboteur, Verführer und Widersacher. In der Religionsgeschichte ist diese Rolle unter dem Titel «Trickster» bekannt. Adam und Eva entfremdet er von Gott, gleichzeitig vermittelt er ihnen Wissen um die Geschlechtlichkeit. Gott selbst verführt er dazu, den frommen Hiob mit Unglück zu überschütten, um zu testen, ob er auch dann noch an seiner Frömmigkeit festhält. Satan hat die Phantasie der Menschen stark beschäftigt. Das Buch der Offenbarung identifiziert ihn mit Leviatan, jenem drachengestaltigen Scheusal, das der Welterschaffer vor Zeiten im Kampf bezwungen hat und wiederholt bezwingen muss (Ps 74,13–14; Jes 27,1). Das Buch der Offenbarung berichtet von der Verdrängung des Drachens aus dem Himmel: Der Erzengel Michael schart Engel um sich, es kommt zum Kampf, der Drache wird überwältigt, mitsamt seinem Anhang aus dem Himmel gestürzt und auf die Erde geworfen. Der Name des Scheusals wird mitgeteilt: «der große Drache, die alte Schlange, die Teufel oder Satan heißt» (Offb 12,9).

Ebenfalls der dritten Rangstufe zuzuordnen sind die «sieben Geister» oder Erzengel. Nach dem Buch Daniel setzt Gott einzelne Engel – Michael und Gabriel – ein, bestimmte, Gott ungehorsame Völkerengel zu bekämpfen. Das Büchlein Tobit, eine jüdische Novelle aus der Zeit um 200 v. Chr., verrät mehr über diese sieben Geister und nennt den Namen eines weiteren Mitglieds: Raphael (Tob 12,15). In der Erzählung versieht Raphael in Gestalt eines jungen Mannes gerade Dienst auf der Erde, indem er dem jungen Tobias auf einer lang dauernden Reise nach Rages (Rhagai, in der Nähe von Teheran) als Mentor und Begleiter dient und als Schutzengel zur Seite steht. Während Tobias bei Verwandten Station macht und dort erfolgreich um die Hand der Tochter des Hauses anhält, unternimmt der Engel das letzte Stück der Reise allein. Der Ort Rhagai lässt den Religionshistoriker aufhorchen: Dort lebten Juden und Anhänger der zoroastrischen Religion nebeneinander. Von den Zoroastriern könnten die Juden den Glauben an sieben hochrangige Engel übernommen haben. Im Buch der Offenbarung gilt Gottes Stellvertreter – Jesus Christus – als der Vorgesetzte der sieben Engel (Offb 3,1).

**Dienstbare Geister.** Den vierten, niedersten Rang der himmlischen Hierarchie nehmen die dienstbaren Geister ein. Einige von diesen werden als geflügelte Mischwesen geschildert – Vierbeiner mit vier Flügeln, weitere Gestalten mit zwei oder sechs Flügeln und Tier- oder Menschenköpfen. Die Flügel haben die Tradition so beeindruckt, dass sich Christen und Muslime schon bald keine Engel ohne Flügel vorstellen konnten, obwohl die Flügel eigentlich nur die Himmelswesen des niedersten Ranges auszeichnen. Drei solcher Wesen lassen sich näher charakterisieren.

Seltsame Wesen mit Armen und drei Flügelpaaren tun Dienst am Thron Gottes. Jesaja hört, wie sie Gott das dreimalige «Heilig» zusingen, eines dieser Wesen reinigt den Mund des Propheten mit einer glühenden Kohle (Jes 6). Die Wesen werden als «Serafim» bezeichnet. Der hebräische Name bezeichnet eine

**Abb. 10 Himmelsträger.**
Die löwenköpfige Gestalt reckt die Arme empor, um den Himmel zu tragen. Ähnliche Gestalten, Kerubim genannt, tragen das den Himmel symbolisierende Thronpodest des biblischen Gottes. – Hethitisches Relief, 9. Jahrhundert v. Chr.

Schlangenart, bedeutet aber auch «die Brennenden». Wahrscheinlich haben wir es mit den personifizierten Lichtstrahlen des Sonnengottes Jahwe zu tun. Das Buch der Offenbarung kennt sie als «sieben lodernde Fackeln – das sind die sieben Geister Gottes» (Offb 4,5).

Vier zweibeinige geflügelte Mischwesen mit aufgerichtetem Menschenleib und Flügeln tragen das den Himmel symbolisierende Podest, auf dem der Thron Gottes steht. Ihr Haupt variiert zwischen dem eines Menschen, Löwen, Stiers und Adlers. Diese werden als «Kerubim» bezeichnet (Singular: Kerub). Das Buch der Offenbarung gibt ihnen drei Flügelpaare und scheint sie sich als maskentragende Engel vorzustellen. Nach der hier vorgeschlagenen Interpretation trägt je einer die Maske eines Löwen, Stiers und Adlers; die vierte Maske stellt ein furchteinflößendes menschliches Gesicht dar (Offb 4,7).

Vier geflügelte Vierfüßler mit Menschen- oder Tierkopf ziehen Gottes vierrädrigen Thron über den Himmel. Einen solchen fahrbaren Thron besitzen viele Götter der Antike; charakteristisch ist er für Jahwe und, bei den Griechen, für den Sonnengott Helios. Die biblische Bezeichnung für diese geflügelten Zugtiere ist «Lebewesen».

Unsere Kenntnis der throntragenden Kerubim und der «Lebe-

**Abb. 11 Gott im Reisewagen.** Stehend und die Peitsche schwingend fährt der altorientalische Wettergott in seinem vierrädrigen, mit einem geflügelten Löwen bespannten Wagen über den Himmel. Auch der biblische Gott besaß einen solchen Wagen, gezogen von vier geflügelten Zugtieren. – Nach einem altorientalischen Rollsiegel.

wesen» geht auf das Buch des Propheten Ezechiel zurück (Ez 1 und 10). Dort sind die beiden Gestalten unentwirrbar miteinander vermischt, vermutlich das Werk eines antiken Textbearbeiters. Der ursprüngliche Ezechieltext kannte wohl nur das von den Kerubim getragene Thronpodest (ein statisches Bild), nicht jedoch den fahrbaren, von geflügelten Wesen gezogenen vierrädrigen Wagen (eine dynamische Szene). Altorientalische Ikonographie kann uns zumindest eine grobe Vorstellung von einem Träger des Thronpodests (Abb. 10) und Gottes mit geflügelten Phantasiewesen bespanntem Reisewagen (Abb. 11) vermitteln. Das Buch der Offenbarung kennt nur noch die maskentragenden «Lebewesen».

## 2 Scheol und Himmel: Das Jenseits der Toten in der Hebräischen Bibel

Wenn jemand stirbt, läuft in jeder Gesellschaft, ob in der Antike oder heute, ein bestimmtes Ritual ab. Der Leichnam muss aus der Welt der Lebenden geschafft werden, gleichzeitig gilt es, den Toten anständig und ehrenvoll zu behandeln. Im Alten Israel wurden die Menschen gleich nach Eintreten des Todes bestattet, zumeist in den im Land reichlich vorhandenen Kalksteinhöhlen. War der Leichnam in der Höhle abgelegt, wurde der Zugang blockiert. Während sich der Leichnam auflöst, so die Vorstellung, wandert die Seele in die Unterwelt, die in der Hebräischen Bibel einen Namen hat: Scheol (sprich: sche-ol).

**Die Scheol.** Was genau geht in die Scheol? Die Seele? Von einer «Seele» ist zwar in älteren biblischen Texten nicht die Rede, aber mit einem unkörperlich gedachten Etwas, das den Tod überdauert, hat man zweifellos gerechnet. Für den Totengeist gibt es zwei in der Bibel allerdings nur selten verwendete Wörter: «der Schwache» und «der Göttliche» (*rāfe* und *elohîm*). In der dunklen Unterwelt ist der Totengeist schwach; versorgt man ihn jedoch mit Wasser und Speise in der Form von Gaben, die vor das Grab gelegt werden, so erscheint er als ein göttliches Wesen. Als göttliches Wesen lässt sich der Totengeist aus der Unterwelt heraufrufen, was der Hexe von Endor – in der Erzählung vom Erscheinen des toten Königs Saul – auch gelingt (1 Sam 28). In der offiziellen Religion ist solche Totenbeschwörung verboten. Totenversorgung dagegen wurde zwar beschränkt, könnte jedoch üblich gewesen sein. Möglicherweise verbirgt sich hinter dem bekannten Gebot «Du sollst Vater und Mutter ehren» die Totenversorgung; wer sie nicht ausübt, verstößt gegen göttliches Gebot. Jedenfalls mahnt der greise Tobias seinen Sohn: «Schütte deine Brote auf das Grab der Gerechten.» (Tob 4,17) Oder bezieht sich Tobias auf das Abhalten von Totenmählern in der Familie? Auch dann wären die Ahnen als anwesend gedacht und am Mahl beteiligt. Doch selbst aufwendige Totenversorgung, in welcher Form auch immer geleistet, kann den Verstorbenen nicht aus der Scheol, einer düsteren Schattenwelt, befreien. Es gilt das Wort: «Nie mehr steigt auf, wer zur Unterwelt hinabsteigt». (Hi 7,9) Wer sich in der Scheol befindet, lebt nicht mehr. Der verbleibende Rest an Vitalität ist gering.

Über die Scheol als Ort erfahren wir wenig. Vorgestellt wird sie als dunkle Höhle, als unfreundlicher, gottverlassener Ort unterhalb der Erde, wahrscheinlich unterhalb des Ozeans, auf dem die Erdscheibe schwimmend gedacht wird. Immerhin kann der im Leben unglückliche, gequälte Mensch dort seine Ruhe finden, wie der sein irdisches Schicksal beklagende Hiob verrät: «Dort hören Frevler auf zu toben, dort ruhen aus, deren Kraft erschöpft ist. Auch Gefangene sind frei von Sorgen, hören nicht mehr die Stimme des Treibers. Klein und Groß sind dort beisammen, Sklaven frei von ihrem Herrn.» (Hi 3,17–19)

**Der Himmel.** Kommen alle Toten in die Scheol? Nein. Einige Tote steigen nicht in die Scheol hinab, sondern auf zum Himmel und zu Gott. Davon wird mehrfach berichtet. Von Henoch, einem der frühen, außerordentlich lange lebenden Nachkommen des ersten Menschen Adam, heißt es: «Die gesamte Lebenszeit Henochs betrug 365 Jahre. Henoch ging mit Gott, dann war er nicht mehr da, denn Gott hatte ihn aufgenommen.» (Gen 5,23–24) Ähnlich wird vom Propheten Elija gesagt, er sei nicht gestorben; im Alter habe ihn ein geheimnisvoller pferdebespannter Wagen in den Himmel gebracht (2 Kön 2). Man mag dasselbe Geschick von Mose vermuten, von dem verlautet, er sei bei voller Gesundheit verschieden. Man habe ihn bestattet, doch niemand kenne sein Grab (Dtn 34). Tatsächlich gibt es weitere Hinweise auf den Himmel und die Nähe zu Gott als Ziel des Totengeistes. So ruft der Psalmist einmal aus: «Ja, Gott wird mein Leben loskaufen aus der Hand der Scheol, denn er nimmt mich auf!» (Ps 49,16) Ausführlicher äußert sich der Psalmist an anderer Stelle:

> Nun aber bleibe ich stets bei dir, du hältst mich an meiner rechten Hand. Nach deinem Ratschluss leitest du mich, und hernach nimmst du mich auf in Herrlichkeit. Wen hätte ich im Himmel! Bin ich bei dir, so begehre ich nichts auf Erden. Mögen mein Leib und mein Herz verschmachten, der Fels meines Herzens und mein Teil ist Gott auf ewig.
>
> *Psalm 73,23–26 (Zürcher Bibel 2007)*

Der Abschnitt birgt einige Schwierigkeiten. «Hernach nimmst du mich auf in Herrlichkeit», schreibt die Zürcher Bibel; im hebräischen Text heißt es rätselhaft: «und nachher – Herrlichkeit – du wirst mich nehmen». Ist dies das Stammeln eines von der Erwartung des Himmels überwältigten Dichters?

Man muss der Versuchung widerstehen, Weiterleben in Scheol oder Himmel als Strafe oder Lohn zu verstehen, so dass dem guten Menschen der Himmel, dem Schlechten die Scheol als Aufenthaltsort nach dem Tod beschieden wäre. Auch einer anderen interpretatorischen Versuchung ist zu widerstehen: Das Weiterleben in der Scheol sei der Glaube des älteren Israel, in jüngerer

Zeit habe man einen Himmelsglauben entwickelt. Dagegen scheint sich eine dritte Interpretation zu bewähren: die Zuweisung des Scheol- und des Himmelsglaubens an zwei verschiedene Gruppen. Diese erst in der neueren Forschung vorgeschlagene Deutung weist den Scheolglauben der bäuerlichen Bevölkerung zu, den Himmelsglauben dagegen den Leviten, Viehzüchtern ohne Landbesitz. Der Scheolglaube ist im Kontext einer auf Ackerbau beruhenden Wirtschaftsweise zu verstehen: Die nachkommende Generation erbt von ihren Vorfahren den Grund und Boden als Lebensgrundlage. Wie die Vorfahren während ihres Lebens das Ackerland gepflegt haben, so unterstützen sie die Fruchtbarkeit auch noch dann, wenn sie im Totenreich sind; sind die Ahnen erzürnt – zum Beispiel durch Vernachlässigung der ihnen geschuldeten Totenversorgung –, leidet die Fruchtbarkeit der Felder. Die Versorgung der Toten durch die Lebenden sichert die Fruchtbarkeit und den dauernden Besitz der Felder. Der Zusammenhang von Ackerbau, Feldbesitz, Ahnengrab und Ahnenverehrung ist in der vormodernen Menschheit weit verbreitet gewesen; eine gründliche Untersuchung dieses Komplexes bei den indoeuropäischen Völkern leistet das Werk *La Cité antique* (1864) von Fustel de Coulanges.

Weil der Levit weder Ackerbau betreibt noch den Ahnen einen Kult widmet, kommt für ihn die Scheol (der Ort der Ahnen) als postmortaler Jenseitsort nicht infrage. Da ihm kein Vorfahr Ackerland vermacht hat, braucht der Levit auch keinen Ahnenkult. Statt der Ahnen verehrt er ausschließlich den Himmelsgott. Sein Leben lang «geht er mit Gott», wie es von Henoch heißt. Der Levit richtet seinen Blick nach oben, zum Himmel; Jahwe, dem Himmelsgott, bringt er Opfer dar, an ihn richtet sich sein Gebet. So wird ihn der Himmelsgott nach seinem Tod auch zu sich nehmen. Daher ist er für den Himmel und nicht für die Scheol bestimmt. Bei dieser Lehre mag es sich um eine Art Geheimlehre der Leviten gehandelt haben. Im Falle der Entrückung des Elija verbietet dessen Nachfolger Elischa anderen, von der Sache zu sprechen, und mahnt sie: «Seid still.» (2 Kön 2,3) In der Spätzeit des Alten Testaments ist die Lehre bekannt geworden, und bald übernahmen viele Juden – und

46    *II Antikes Judentum und frühes Christentum*

Christen – aus nichtlevitischen Familien den Himmelsglauben. Den deutlichsten biblischen Beleg bietet das Buch der Offenbarung.

**Der Himmel im Buch der Offenbarung.** Während die Hinweise des Alten Testaments auf den levitischen Himmelsglauben nichts von der Eigenart des erwarteten himmlischen Orts verraten, gewährt das Buch der Offenbarung einen Blick in den Jenseitsort der Toten. Da es sich um die älteste christliche Beschreibung des Himmels handelt, lohnt sich die nähere Beschäftigung mit diesem Zeugnis. Im visionär geschauten himmlischen Thronsaal sieht Johannes eine unzählbare Schar weißgewandeter Menschen. Hier der Wortlaut:

A. Danach sah ich, und siehe: eine große Schar aus allen Nationen und Stämmen, Völkern und Sprachen; niemand konnte sie zählen. Sie standen vor dem Thron und vor dem Lamm, gekleidet in weiße Gewänder, und trugen Palmzweige in den Händen. Sie riefen mit lauter Stimme und sprachen: «Die Rettung kommt von unserem Gott, der auf dem Thron sitzt, und von dem Lamm.» Und alle Engel standen rings um den Thron, um die Ältesten und die vier Lebewesen. Sie warfen sich vor dem Thron nieder, beteten Gott an und sprachen: «Amen, Lob und Herrlichkeit, Weisheit und Dank, Ehre und Macht und Stärke unserem Gott in alle Ewigkeit. Amen.»

B. Da fragte mich einer der Ältesten: «Wer sind diese, die weiße Gewänder tragen, und woher kommen sie?» Ich erwiderte ihm: «Mein Herr, du weißt das.» Und er sagte zu mir: «Es sind die, die aus der großen Bedrängnis kommen; sie haben ihre Gewänder gewaschen und im Blut des Lammes weiß gemacht. Deshalb stehen sie vor dem Thron Gottes und dienen ihm bei Tag und Nacht in seinem Tempel; und der, der auf dem Thron sitzt, wird sein Zelt über ihnen aufschlagen.

C. Sie werden keinen Hunger und keinen Durst mehr leiden, und weder Sonnenglut noch irgendeine sengende Hitze wird auf ihnen lasten. Denn das Lamm in der Mitte vor dem Thron wird sie weiden und zu den Quellen führen, aus denen das Wasser des Le-

bens strömt, und Gott wird alle Tränen von ihren Augen abwischen.»
*Offenbarung des Johannes 7,9–17*
*(nach der Einheitsübersetzung)*

Der Seher Johannes blickt in den Thronsaal Gottes (A). Um den Thron stehen Dienerschaft («Engel»), regierende Engel («Älteste») sowie tiergestaltige Thronassistenten – wie oben im Abschnitt «Gottes Himmel» beschrieben. Hinzu kommt die unübersehbare Schar weißgewandeter Menschen. Frauen, Männer und Kinder betreten den Tempel im Jubel und akklamieren Gott und dem «Lamm» – in der Codesprache des Buches der Offenbarung die Bezeichnung für Jesus Christus. Letzterer steht vor oder nahe bei dem Thron (C). Abgeschlossen wird die Szene durch eine Akklamation von Hofstaat und göttlicher Regierung; wie zuvor die der Menschenschar wird auch sie wörtlich angeführt. Dann löst sich einer der Ältesten aus der Gruppe und gibt dem Visionär Erklärungen (B). Die Menschenschar – das sind die bis jetzt verstorbenen Christusgläubigen. In der Codesprache des Buches («die Gewänder im Blut des Lammes weiß gemacht») wird weiter erklärt, dass es sich um Getaufte handelt, um Menschen, die eine schwere Zeit hinter sich haben, vielleicht wegen Verfolgung durch römische Behörden und nichtchristusgläubige Juden. Bemerkenswert ist die weitere Erklärung (C): Die Gottesverehrung bildet nicht die ausschließliche Beschäftigung der Weißgewandeten; sie können sich auch reichlichem Essen und Trinken hingeben. Nie mehr werden sie von Durst, Sonnenhitze und Hunger geplagt. Eigens hervorgehoben wird die Abwesenheit von Trauer und Leid; die letzten Tränen werden getrocknet. Von wem? Von Gott, heißt es in dem aus dem Jesajabuch entlehnten Satz (Jes 25,8). Damit dürfte Jesus Christus gemeint sein, ist er doch ihr Vorsteher – der Hirte, der sie weidet. Demnach gibt es für die weißgewandeten Christen – die Seligen im Himmel – eine doppelte Beschäftigung, eine religiöse und eine profane: die feierliche Verehrung Gottes im Tempel und den Genuss unbeschwerten Lebens. Das weiße Gewand gehört als Priesterkleidung wohl nur zum Kult; wie die Seligen im Himmel sonst gekleidet sind, wird nicht mitgeteilt.

Der Himmelsglaube beginnt den Scheolglauben zu verdrängen. Ersetzt wird die Scheol durch die Hölle – eine Vorstellung, die nicht aus der hebräischen Kultur stammt.

### 3 Die Hölle im Neuen Testament

In älteren Ausgaben der Lutherbibel findet sich das Wort «Hölle» bereits im Alten Testament, diente es doch Luther zur Wiedergabe von «Scheol», Unterwelt. Die modernen Bearbeitungen der Lutherbibel, einschließlich der Ausgabe von 2017, haben das Wort Hölle aus dem Alten Testament entfernt und regelmäßig ersetzt, zumeist durch «Totenreich». Der in der Unterwelt liegende, oft mit der Unterwelt identische Strafort «Hölle» hat erst spät in die biblische Religion Eingang gefunden. In den Briefen des Apostels Paulus, den ältesten christlichen Zeugnissen, die uns überliefert sind, wird die Hölle an keiner Stelle erwähnt. Doch in den weiteren Schriften des Neuen Testaments, insbesondere in den Evangelien und im Buch der Offenbarung, ist tatsächlich von der Hölle die Rede. Die frühen christlichen Höllenvorstellungen sind vielfältig und lassen sich nach religionsgeschichtlichen Zusammenhängen gliedern. Zuerst soll die nach ägyptischem Vorbild gestaltete Vernichtungshölle vorgestellt werden.

**Die Vernichtungshölle (nach ägyptischem Vorbild).** Nach altägyptischer Vorstellung folgt auf den Tod eines Menschen ein Totengericht im Jenseits unter Anwesenheit eines oder mehrerer Götter als Richter. Die Entscheidung fällt sofort und lautet auf Belohnung mit ewigem Leben im Jenseits oder auf sofortige qualvolle Vernichtung in einem Feuersee. Die Vernichtung ist der gefürchtete «zweite Tod». Einige Jesusworte und das Buch der Offenbarung greifen auf diese Vorstellung zurück.

Einschlägig ist folgendes Wort Jesu: «Fürchtet euch vor dem, der nicht nur töten kann, sondern die Macht hat, euch auch noch in die Hölle (*gehenna*) zu werfen!» (Lk 12,5) Als Totenrichter kann Gott den Menschen eines zweiten, endgültigen Todes sterben lassen. Jesu Rückgriff auf das ägyptische Jenseits überrascht nicht, denn damals lebte die bedeutendste griechischsprachige jüdische Gemeinde in Alexandria, der größten Stadt Ägyptens.

Ein weiteres, als früher christlicher Beleg für die Hölle geltendes Jesuswort lautet: «Wenn dir deine Hand Ärgernis gibt, dann haue sie ab. Es ist besser für dich, verstümmelt in das Leben zu gelangen, als mit zwei Händen in die Hölle (*gehenna*) zu kommen, in das nie erlöschende Feuer. Und wenn dir dein Fuß Ärgernis gibt, dann hau ihn ab. Es ist besser für dich, lahm in das Leben zu gelangen, als mit zwei Füßen in die Hölle (*gehenna*) geworfen zu werden.» (Mk 9,43.45) Wir brauchen nicht zu entscheiden, welche mit Hand und Fuß begangenen Sünden das Jesuswort im Blick hat; vorgeschlagen werden sexuelle Vergehen – homosexuelle Handlungen mit der Hand, außerehelicher Beischlaf mit dem «Fuß», das heißt dem männlichen Glied. Die Aufforderung zur Selbstverstümmelung ist vermutlich nicht wörtlich gemeint, sondern rhetorische Übertreibung. Ist auch die Höllenstrafe eine solche Übertreibung? Wahrscheinlich nicht. Nach dem Tod wartet auf den Angesprochenen das «Leben» oder, im Fall von Sünde, die Vernichtung im «nie erlöschenden Feuer».

Für die Hölle verwendet Jesus einen jüdischen Namen – Gehenna. Wir wissen nicht, wer diese Bezeichnung eingeführt hat. Sie verdankt sich zweifellos dem Einfall eines jüdischen Intellektuellen. Das Wort «Gehenna» verweist auf ein nahe Jerusalem gelegenes Tal, das Tal Hinnom. Dort befand sich in alter Zeit eine Art sakrales Krematorium: Lebende Säuglinge und vielleicht auch Totgeburten wurden einem heidnischen Gott (oder dem Gott Israels) dargebracht, indem sie auf dem Altar verbrannt wurden. Der Name «Tal Hinnom» (hebräisch *ge hinnom*) wird zu Gehenna – so jedenfalls die heute übliche Erklärung. Das der Vernichtung von Menschen dienende Höllenfeuer hätte demnach eine doppelte Wurzel – eine jüdische und eine ägyptische, wobei Ägypten die Sache, das Judentum die Bezeichnung lieferte. Und warum eine neue Bezeichnung? Weil es einen jenseitigen Ort der Vernichtung in der jüdischen Überlieferung bisher nicht gegeben hatte. Eine neue Sache erfordert ein neues Wort. Die Bezeichnung Gehenna hat Schule gemacht: Als *dschahannam* kommt sie im Koran vor (Sure 7,179), und heute ist sie auch in der arabischen Alltagssprache geläufig.

Ohne das Wort «Gehenna» zu gebrauchen, kennt auch das Buch der Offenbarung (oder Apokalypse, ca. 150 n. Chr. oder etwas früher) die Hölle. In allen Bibelausgaben an letzter Stelle zu finden, verleiht die Offenbarung der ganzen Bibel durch die Schilderung von Totengericht und Bestrafung der Sünder einen passenden Abschluss.

Anders als in den Jesusworten wird in dieser Schrift nicht Gott, sondern Jesus Christus als Totenrichter verstanden. Christus selbst stellt sich als Totengott vor: «Ich bin der Erste und der Letzte und der Lebendige. Ich war tot, doch siehe, ich lebe in alle Ewigkeit und habe die Schlüssel zum Tod und zur Unterwelt.» (Offb 1,17–18) Er bezeichnet sich in feierlicher Umschreibung – «der Erste und der Letzte» (nach Jes 44,6) – als göttliches Wesen. Gleichzeitig verweist er auf sein Geschick als Mensch: Er ist gestorben, doch er lebt im Jenseits fort, in alle Ewigkeit. Durch den Besitz der Schlüssel zur Unterwelt weist er sich als Totengott aus – das ist seine Funktion. Blicken wir nach Ägypten, so kommen zwei Götter als Vorbild infrage: Osiris und Anubis. Osiris ist mit dem Gedankenkreis des Fortlebens nach dem Tod verbunden: Osiris, im Diesseits von seinem Gegner Seth ermordet, lebt nun im Jenseits als Totenrichter. Auch Anubis gilt als Totenrichter – und, näher am Buch der Offenbarung, als «der starke Anubis, der die Schlüssel für die im Hades [Lebenden] besitzt» (so in einem griechischen Zauberpapyrus: K. Preisendanz, *Papyri graecae magicae*, 2. Aufl., Bd. 1, Leipzig 2001, S. 83). Wie kommt Anubis zu diesem Schlüssel? In der ägyptischen Kunst wird Anubis, wie alle Götter, mit dem Lebenszeichen ☥ (*anch*), dem Henkelkreuz, in der Hand dargestellt. Der Schlüssel des Anubis ist nichts anderes als eine Neuinterpretation des ägyptischen Henkelkreuzes. Als Richter und Herrscher über die Toten bestimmt Christus das weitere Schicksal aller, die gestorben sind, indem er ihnen ewiges Leben zuweist oder ihre Existenz durch den zweiten, endgültigen Tod auslöscht.

Christus verheißt allen, die ihm im Diesseits treu sind, den «Kranz des Lebens» – ewiges Leben in der jenseitigen Welt. Er fügt hinzu: «Wer siegt» – wem der Siegeskranz gegeben wurde –, «dem kann der zweite Tod nichts anhaben.» (Offb 2,10–11) Doch nicht für alle hat der Richter einen Lebenskranz bereit. «Die Feiglinge und Treulosen, die Befleckten, die Mörder und Unzüchtigen, die Zauberer und Götzendiener und alle Lügner – ihr Los wird der See von brennendem Schwefel sein. Dies ist der zweite Tod.» (21,8)

**Die Hölle der ewigen Pein (nach griechischem Vorbild).** Die Strafhölle, in der ein Verurteilter in alle Ewigkeit leidet, ist eine Erfindung griechischer Denker. Erstmals ausgesprochen wird der immerwährende Charakter der Strafe für Tantalos und Sisyphos (siehe Kapitel I.1). Die älteste Erwähnung dieser Szenen bei Homer sagt nichts über die Dauer der Strafen. Doch bei Platon ist bereits deutlich: Es kann sich in beiden Fällen nur um ewige Strafen handeln; die Bestraften sind «für alle Zeit Büßende» (*aei chronon timōroumenoi*; Platon, *Gorgias* 526e). Für Platon selbst ist dies eine mythische Aussage ohne eigentlichen Wahrheitsanspruch; jedenfalls haben spätere Platoniker nicht an eine ewige Strafe geglaubt, sondern an eine langdauernde Reinigung der Seele im Jenseits.

Die Tantalus-Strafe kehrt in einer von Jesus erzählten Geschichte wieder – der Geschichte vom reichen Prasser und vom armen Lazarus (Lk 16,19–31): Es war einmal ein reicher Mann. Täglich feierte er ein Fest. Vor seiner Tür aber lag ein Armer mit Namen Lazarus. Er war krank. Hunde leckten an seinen Geschwüren. Er hatte nichts zu essen. Die Brosamen vom Tisch der Reichen hätten ihm genügt, doch nicht einmal die bekam er. Eines Tages starben beide, der Reiche und der Arme. Im Hades wurde ihr Schicksal vertauscht: Lazarus lag im Schoß Abrahams und ließ es sich wohl ergehen, während der Reiche darbte und «im Feuer» schrecklichen Durst litt. In der Ferne erblickte der Dürstende den Abraham und rief ihm zu: Hab Erbarmen und schicke mir Lazarus; er soll seinen Finger in Wasser tauchen und meine Zunge kühlen. Abraham entgegnet, das gehe nicht;

die Kluft, die beide Bereiche der Unterwelt trennt, sei zu tief. Nun bittet der Leidende, Abraham solle Lazarus zu seinen fünf Brüdern schicken, um sie zu warnen. Auch diese Bitte des Reichen wird nicht erhört.

Das geschilderte Totenreich hat zwei Bezirke, getrennt durch einen «tiefen, unüberwindlichen Abgrund». Im einen Bezirk leidet der reiche Prasser, im anderen befindet sich der Patriarch Abraham als Vorsteher der Juden in den Gefilden der Seligen. Beim antiken Gastmahl nimmt man die Mahlzeit nicht sitzend ein wie bei uns, sondern jeder Gast liegt auf einer Liege. «Abrahams Schoß» ist zweifellos der Ehrenplatz in der Nähe des Gastgebers; vielleicht hat man die bevorzugte Liege als «Schoß des Gastgebers» bezeichnet. Tatsächlich ist in der Parabel an eine Bewirtung gedacht: Lazarus wird von Abraham empfangen und bewirtet. Abraham gilt in jüdischer Überlieferung als der gute Gastgeber; schon in der Erzählung der Genesis tritt er als Gastgeber auf, der den auf Erden reisenden Gott fürstlich bewirtet (Gen 18,1–8). Die Bewirtung des Lazarus im Jenseits ist die Pointe der Parabel: Anders als im irdischen Leben leidet der Bettler im Hades keine Not; beim Gastmahl erhält er den Ehrenplatz. Die Parabel handelt also von nichts anderem als vom Essen. Auch sonst in der Antike wird das Leben der Toten als fortdauerndes Fest mit reichlich vorhandener Speise geschildert.

So weit der paradiesische Bezirk der Unterwelt. Über die Strafhölle, den anderen Teil, erfahren wir wenig. Der Beschreibung darf man wenigstens dies entnehmen: Sind die Gefilde der Seligen ein Ort der Kommunikation und des festlichen Mahls, so herrschen in der Strafhölle Vereinzelung und Entzug von Speise und Trank. Die Qualen des Reichen finden aller Wahrscheinlichkeit nach ebenso wenig ein Ende wie die Qualen des Tantalus in der griechischen Mythologie. Die Geschichte vom reichen Prasser und vom armen Lazarus eröffnet aber nur beiläufig einen Einblick in die jenseitige Welt; ihr Anliegen ist ein anderes: Den Reichen wird Hartherzigkeit vorgeworfen; wer den Armen nichts gibt, kommt in die Hölle – eine Aufforderung, die Armen zu unterstützen.

Die ewige, immerwährende Dauer der Höllenstrafe des reichen Prassers lässt sich nur aufgrund der Analogie zum griechischen Tantalosmythos erschließen. Dagegen verweist im Buch der Offenbarung der Wortlaut selbst auf die Ewigkeit der Höllenstrafe. Nach diesem Buch werden nicht alle Verdammten gleich behandelt: Auf gewöhnliche Sünder wartet die Auslöschung (gemäß dem bereits erläuterten ägyptischen Vorbild), die ewige Höllenqual bleibt wenigen Erzsündern vorbehalten. Bei lebendigem Leib werden sie in «den See von brennendem Schwefel» geworfen, wo sie «Tag und Nacht gequält werden, in alle Ewigkeit» (Offb 20,10). Wer sind diese Erzsünder? Nur einer wird mit Namen genannt: «der Drache, die alte Schlange – das ist der Teufel oder der Satan» (20,2). Geschildert wird der Teufel als feuerrote Schlange mit sieben Häuptern, auf jedem Haupt ein bis zwei Hörner (12,3). Die beiden anderen Sünder werden mit Codeworten als «das Tier» und «der falsche Prophet» bezeichnet. Das «Tier» oder die «Bestie» ist zweifellos der römische Kaiser, als dessen Zahl die Ziffer 666 angegeben wird (13,18); die Summe des Zahlenwerts der hebräischen Buchstaben QSR NRWN ist 666, so dass an Kaiser Nero zu denken ist. Der falsche Prophet ist nach einem Vorschlag von J. Massyngberde Ford als der jüdische Ex-Rebellenführer und spätere Romfreund Flavius Josephus zu verstehen. Nero steht für das christenfeindliche Rom, Josephus für einen Juden, der sich auf die römische Seite schlägt. Josephus und Nero gelten dem Autor des Buches der Offenbarung als Kollaborateure des Teufels – und müssen daher dessen Schicksal in der Hölle teilen.

## 4 Antike Rechtskultur und die Kultur des Hellenismus

Die Jenseitsvorstellungen der Bibel verdanken ihre konkrete Gestalt der Prägung durch zwei Kulturen: die Rechtskultur der gesamten alten Welt und die eklektische Kultur der hellenistisch-römischen Zeit.

Der biblische Monotheismus wurde bereits in biblischer Zeit als Ergebnis eines juridischen Vorgangs gesehen. Nach einem im Buch der Psalmen berichteten Mythos hat Gott die Göttersöhne vor sein Gericht geladen; da sie es in ihrer Verwaltung der Völker an Gerechtigkeit haben fehlen lassen, werden sie abgesetzt und müssen sterben. In der Folge entsteht die Vorstellung einer autokratischen göttlichen Weltregierung mit dem einen, monotheistischen Gott an der Spitze, unterstützt von einem Gremium hochrangiger Engel. Das Buch Daniel schildert eine vom Visionär erlebte Regierungs- oder Gerichtssitzung im Himmel – «das Gericht nahm Platz und es wurden Bücher aufgeschlagen» (Dan 12,10). Insgesamt regelt die biblische Religion das Leben durch göttliches Gesetz, man denke nur an die bis heute bekannten Zehn Gebote. Steht der Rechtsgedanke durch den Gottesbegriff im Zentrum des Alten Testaments, so ist es im Neuen Testament die Hölle, in der sich die Rechtskultur der alten Welt spiegelt. «Die Toten wurden gerichtet, nach dem, was in den Büchern aufgeschrieben war, nach ihren Taten.» (Offb 20,12) Jenseitsgericht mit Schuldspruch und Höllenstrafe für Sünder, mit Freispruch und Himmelsglorie für Unschuldige bestimmen das frühchristliche Bild vom Jenseits. Durch die Lehre von Christus als Richter der Toten erhält die Jenseitslehre ihren spezifisch christlichen Charakter. Im Rahmen der Rechtskultur betrachtet, erscheint das gewaltsame, kriegerische Vorgehen der Engel gegen den Teufelsdrachen sowie dessen Verbannung aus dem Himmel (Offb 12,7–12) als Relikt aus der sonst überwundenen archaischen Kultur der Gewalt. Die einschlägige Notiz ist knapp und bildet einen scharfen Kontrast zu Hesiods ausführlicher Schilderung des Kampfes zwischen Zeus und dem Drachen Typhoeús (siehe Kapitel I.1).

Die Himmels- und Höllenkonzepte im Neuen Testament sind anderen Kulturen entlehnt; sie kommen aus dem gemischten kulturellen Repertoire des Hellenismus. Hier hat das frühe Christentum Anteil an der damals herrschenden «eklektischen Kultur». In der Zeit der griechischen und römischen Vorherrschaft über Vorderasien und den östlichen Mittelmeerraum (seit dem ausgehenden 4. Jahrhundert v. Chr.) lösen sich die alten, in sich mehr oder weniger stabilen lokalen Kulturen auf. Sie verändern sich, indem sie nach dem Prinzip freier Auswahl – dem eklektischen Prinzip – fremdes Vorstellungsgut aufgreifen, sich aneignen und mit Gedankengut der eigenen Kultur vermischen.

Der Höllenglaube insgesamt verdankt sich griechischem und ägyptischem Gedankengut. Wenn Christus nach dem Buch der Offenbarung die Seligen dorthin führt, wo sie weder Hunger noch Durst leiden und es keine sengende Sonnenglut gibt, so erinnert das an die antiken Gefilde der Seligen. Und wenn die Seligen weißgewandet und mit Palmzweigen in der Hand den himmlischen Tempel besuchen, so glaubt man die Prozession eines antiken Mysterienvereins vor sich zu sehen. Der – verschlüsselte, aber deutlich erkennbare – Hinweis auf die Taufe jener, die nun als Selige im Himmel sind, erinnert an die Initiationsriten der antiken Mysterien, die ihren Adepten «erfreulichere Hoffnungen für das Lebensende und für die ganze Ewigkeit» verheißen (Isokrates, *Rede* IV 28 von 380 v. Chr., übersetzt von W. Burkert). Der christliche Himmel unterscheidet sich kaum vom seligen Jenseits der antiken Heiden.

Zuletzt ein Hinweis auf eine weitere Kultur – die Reflexionskultur. Während sie in der griechischen Philosophie einen weltgeschichtlichen Höhepunkt erlebt, hat sie in der Bibel nur geringe Spuren hinterlassen. Schränkt Platon die Geltung mythischer Rede vom Jenseits mehrmals ein, so findet sich nichts Derartiges in der Bibel. Immerhin lehnt das Buch Kohelet (Prediger Salomo, 200 v. Chr.), die einzige philosophische Schrift der Bibel, den Himmelsglauben ab; zumindest äußert es sich skeptisch über die Meinung, der Mensch habe im Tod dem Tier etwas voraus (Koh 3,18–21). Vielleicht steht dem Buch eine Hoffnung wie die der Leviten vor Augen, die davon überzeugt sind, Gott werde sie nach dem Tod zu sich in den Himmel nehmen (Ps 73) – eine Hoffnung, die Kohelet für unbegründet hält.

## III Islam: Der eine Gott und die vielen Himmel

Im 7. Jahrhundert entstanden, hat sich der monotheistische Islam in kurzer Zeit zu der die arabische Welt des Vorderen Orients und Nordafrikas beherrschenden Religion entwickelt. Ihre baldige Ausbreitung nach Mittelafrika, Indien und Ostasien sowie ihre bis zur Schwelle der Neuzeit überlegene technische und wissenschaftliche Zivilisation macht die islamische Kultur zu einer der bedeutendsten Erscheinungen der Weltgeschichte. Bis heute hält der Islam konservativ an seiner Überlieferung fest. Das gilt auch für den Glauben an jenseitige Welten. Für den islamischen Gläubigen überwiegt das Jenseits; wer nur die von den Menschen bewohnte Welt beachtet, reduziert die Realität und verfehlt die Wahrheit des Ganzen. Dieser Glaube beruht auf den Aussagen der grundlegenden Urkunde dieser Religion – des Korans.

Nicht nur die im Koran geoffenbarten Jenseitswelten werden nachstehend vorgestellt, sondern auch die an den Koran anknüpfenden literarischen und philosophischen Erkundungen von Himmel, Hölle und Paradies.

## 1 Jenseitswelten im Koran

Der Araber Mohammed (Muhammad, 569–632 n. Chr.), geboren in Mekka, gestorben in Medina, verheiratet mit einer verwitweten, wohlhabenden und erfolgreichen Kauffrau, war als Händler tätig, der Waren erwarb, um diese in Mekka zu verkaufen. Seit 610 gab der damals Vierzigjährige von Gott erhaltene Offenbarungsworte bekannt. Als er in Mekka keine Anerkennung fand, siedelte er 622 nach Medina über – von der Stadt aufs Land, um von dort aus die von ihm ins Leben gerufene «islamische» monotheistische Religionsgemeinschaft zu organisieren und mit seinen Anhängern Krieg gegen Mekka zu führen. Im Jahr 630 eroberte er Mekka und setzte die monotheistische Religion durch, ohne die Bedeutung des dort verehrten heiligen schwarzen Meteoriten in der Kaaba anzutasten. Erst nach Mohammeds Tod wurden die Offenbarungsworte zu einem Buch, dem *Koran* (Qur'ān, «Lesung»), zusammengestellt. Wann genau dies geschah, wird unterschiedlich beurteilt – um 650 (traditionelle Datierung) oder um 700. Mit dem Koran erhielt der sich konsolidierende Islam eine grundlegende Schrift, die dem Rang nach dem Neuen Testament der Christen und der Hebrä-

*Jenseitswelten im Koran* 57

**Abb. 12 Weltbild des Korans.**
Die Menschenwelt wird von Himmel und Hölle eingerahmt, Gott thront über dem Himmel. Der Koran kennt sieben Himmel (Sure 67,3), gibt jedoch keine Auskunft über die Lokalisierung des Paradieses – außer, dass es sich «oben» befindet.

| Gott |
|---|
| Paradies oder «Garten» der 7. Himmel |
| der 6. Himmel |
| der 5. Himmel |
| der 4. Himmel |
| der 3. Himmel |
| der 2. Himmel |
| der 1. Himmel |
| Welt der Menschen |
| Hölle oder «Feuer» |

ischen Bibel der Juden entspricht. Das arabische Offenbarungsbuch gliedert sich in 114 Suren (Abschnitte) ungleicher Länge. Bis heute gilt der Koran als Meisterwerk arabischer Literatur und als wichtigste Quelle islamischer Glaubenslehren. Unter diesen Lehren kommt solchen, die das Jenseits betreffen, besondere Bedeutung zu, denn sie standen bereits bei Mohammed im Zentrum seines Erlebens und Denkens.

Wo liegt das Jenseits nach Auffassung des Korans? Zwar enthält der Koran keine zusammenhängende kosmographische Beschreibung, doch die verstreuten Andeutungen lassen ein Bild erkennen, das in seinen Grundlinien der antiken und biblischen Vorstellung entspricht. Demnach besitzt die Welt drei Ebenen (Abb. 12): Eine mittlere, von Menschen bewohnte Ebene wird von zwei Jenseitswelten eingerahmt – dem Himmel oder Paradies oben und der Hölle unten. Gott befindet sich oberhalb und außerhalb des von ihm erschaffenen Weltgebäudes. In das Weltgebäude selbst ist er nicht einbezogen.

Nur die Welt der Menschen bildet das «Diesseits», alles andere ist «Jenseits». Zwischen den verschiedenen Ebenen des Kosmos besteht eine Durchlässigkeit, in der Zeichnung mit unterbrochenen Linien angedeutet. Die Welt der Menschen ist nach unten zur Hölle, nach oben zum Paradiesgarten offen, und der Paradiesgarten nach oben zu Gott. Zwischen Paradiesgarten und Gott scheint eine Schranke aus Wasser zu liegen; darauf weist die koranische Angabe, Gottes Thron befinde sich «über den Wassern» (Sure 11,7) – ähnlich wie Gottes Residenz nach dem Zeugnis der Bibel (Abb. 7, S. 33).

Zur Welt der Menschen – dem Diesseits – gehören auch von Gott aus Feuer gebildete und daher zumeist unsichtbare Geister, die Dschinnen (Sure 55,15). Der erste unter den Dschinnen, der Gott den Gehorsam verweigerte, trägt den Namen «Iblis» – Teufel. Wie die Menschen, so gehorchen auch die Dschinnen Gott, oder sie wenden sich von ihm ab, so dass sie zuletzt für das Paradies oder die Hölle bestimmt sind. In arabischen Volkserzählungen spielen die Dschinnen eine große Rolle. Aus *Tausendundeiner Nacht* sind sie vertraut als mögliche Helfer des Menschen – wenn es dem Menschen gelingt, einen Dschinn etwa in eine Flasche zu bannen und so Herrschaft über ihn zu gewinnen. Ein Dschinn kann dann vielerlei Wunder wirken. So soll es König Salomo gelungen sein, mithilfe von Dschinnen den Jerusalemer Tempel in kürzester Zeit zu errichten.

**Gott und Engel.** Das arabische Wort für Gott lautet «Allah»; Allah ist kein Eigenname. Wenn dennoch von Allah gesprochen wird, dann nur als Hinweis auf die koranische oder islamische Gottesauffassung. Allah hat die Welt erschaffen und regiert sie. Der Glaube an Allah als den einen und einzigen Gott ist Grundlage und Hauptsatz der islamischen Glaubenslehre. Es gibt nur *einen* Gott – «den Herrn der Weltbewohner. Er ist der Lebendige. Kein Gott ist außer ihm!» (Sure 40,64–65) Abgewiesen wird damit die antike und im vorislamischen Arabien geläufige Überzeugung von der Vielzahl göttlicher Wesen, aber auch die christliche Überzeugung von der Göttlichkeit Jesu. Daher heißt es von Gott: «der die Herrschaft über die Himmel und die Erde hat, der keinen Sohn annahm und mit niemandem die Herrschaft teilt» (Sure 25,2). So eng Propheten wie Jesus und Mohammed auch mit Gott verbunden sein mögen, sie gehören zu Gottes Geschöpfen. Das gilt auch für die Engel.

Im Koran sind Existenz und Wirken der Engel gut belegt. Wie

in der Bibel gehören sie zum Erscheinungsbild Gottes: Gott wird als auf einem Thron sitzend vorgestellt. Engel tragen den Thron, umschweben ihn, Engel bringen Gott Lobpreis dar (Sure 39,75; 40,7). Der Dienst am Thron ist nicht ihre einzige Aufgabe. Sie überwachen die Menschen und führen darüber Buch; zweifellos ist an das Anfertigen individueller Register guter und böser Taten gedacht (Sure 43,80; 82,10–12). Tote werden von Engeln abgeholt und zum Totengericht in den Himmel gebracht (Sure 6,61–62). Engel stehen den Gläubigen als Schutzengel bei, helfen im Kampf gegen die Feinde und leisten Fürbitte bei Gott. Mitgeteilt wird die Petition, welche die Engel an Gott richten:

> Die den Thron tragen und die ihn umringen, lobpreisen ihren Herrn, glauben an ihn und erbitten Vergebung für die Gläubigen:
> «Unser Herr! Alles hältst du umfangen, aus Barmherzigkeit und Wissen. Vergib daher denen, die Buße taten und deinen Weg befolgten! Bewahre sie vor der Strafe der Feuerhölle! Unser Herr! Und führe sie in die Gärten Eden, die du ihnen verheißen hast, zusammen mit jenen ihrer Väter, Frauen und Kindeskinder, welche fromm gewesen. Siehe, du bist der Mächtige, der Weise. Bewahre sie vor dem Bösen! Wen du an jenem Tage vor dem Bösen bewahrst, dem schenkst du dein Erbarmen.»
> *Koran, Sure 40,7–9 (Bobzin)*

Die Botschaft ist deutlich: Selbst der sündige Mensch braucht vor Gott nicht zu zittern. Sofern er gläubig ist, kann er mit mächtiger Hilfe im Himmel rechnen. Wer aber sündigt und als Ungläubiger nicht an die von Mohammed verkündete Botschaft glaubt, dem ist die Hölle sicher.

**Die Hölle.** «Wer sich Gott und seinem Gesandten widersetzt, dem ist das Feuer der Hölle bestimmt. Sie bleiben dort für immer und ewig.» (Sure 72,23) Den gesamten Koran durchziehen Sätze wie dieser. Stets handelt es sich um wörtliches Zitat aus Gottes Mund, nach Auffassung des Korans also keineswegs um die persönliche Meinung des Propheten. Die Hölle erscheint als

Gefängnis, die Verdammten werden als gefesselte und angekettete Gefangene geschildert. Es ist heiß, Feuer verbrennt die Haut, zu trinken gibt es nur siedendes Wasser, das auch über sie ausgegossen wird, um ihre Pein zu erhöhen. Zur Speise dienen die ungenießbaren Früchte eines widerlichen Baumes. Bewacht und gefoltert werden die Verdammten von Engeln, die im Auftrag Gottes handeln. Namentlich identifiziert wird im Koran nur ein einziger Verdammter – Abu Lahab:

> Verdorren sollen Abu Lahabs Hände, und abermals – verdorren!
> Sein Gut soll ihm nichts nützen, und was er erworben!
> Brennen wird er in einem Feuer, das Flammen schlägt,
> samt seiner Frau, die das Brennholz trägt –
> um ihren Hals einen Palmfaserstrick gelegt.
> *Koran, Sure 111,1–5 (Bobzin)*

Wer ist Abu Lahab? Spricht Mohammed hier von seinem Erzfeind? Nach islamischer Überlieferung handelt es sich um einen Onkel des Propheten. Abu Lahab muss den Propheten und dessen Gott sehr erzürnt haben, weil er die prophetische Sendung seines Neffen Mohammed nicht anerkannte. Vielleicht ist die Äußerung als Warnung an alle Verwandten Mohammeds gedacht. Auffällig ist die Verurteilung auch der Frau von Abu Lahab. Lehnte auch sie den Propheten ab? Oder sollte die gesamte Familie bestraft werden? Diese Fragen lassen sich nicht schlüssig beantworten. Immerhin ist zu bedenken: Sure 111 gehört zu Mohammeds frühen Gottessprüchen aus den Jahren 610–612. Damals sind seine Äußerungen stark emotional geprägt. Spätere Prophetenworte lassen ein größeres Maß an Reflexion erkennen. In den 620er-Jahren differenziert der Prophet zwischen dem Schicksal von Ehemännern und Ehefrauen – auch die fromme Frau eines ungläubigen Mannes kann ins Paradies gelangen (Sure 66,10–12).

Niemand ist vor der Hölle ganz sicher. Beim Gericht, so heißt es einmal, werde Gott alle um den Eingang zur Hölle scharen, «denn es gibt keinen unter euch, der nicht zu ihr hinabsteigen müsste» (Sure 19,71), doch die Gottesfürchtigen – also die nicht ganz schlimmen Sünder – werden gerettet, während die schlimmen Frevler der Hölle überlassen werden. Dem Koran liegt viel an der Androhung der Hölle, wenig jedoch am Ausmalen der Höllenqualen und der Beschreibung der Hölle als Ort. Wie wir sehen werden, ist das beim Paradies anders.

**Paradies.** Gewöhnlich wird vom Aufenthaltsort der Seligen als dem «Garten» (*dschanna*) oder den «zwei Gärten» gesprochen, doch auch der Ausdruck «die Gärten des Paradieses» kommt vor. Im Deutschen ist der Ausdruck «Paradies» üblich. Angedeutet, doch nicht beschrieben wird eine Gartenlandschaft mit reichlich sprudelnden Quellen, Palmen, schattenspendenden Akazien und fruchttragenden Granatapfelbäumen. Vom Wohnen der Seligen in «Palästen» erfahren wir nur wenig (Sure 25,10). Ist von den Seligen im Paradies die Rede, so fügen sich die verstreuten Andeutungen am ehesten zum Bild eines Festes zusammen, wo es sich die Seligen in erlesener Kleidung und mit goldenen Armspangen geschmückt (Sure 18,31) auf kostbaren Polstern bequem machen (Abb. 13). Sie trinken aus edlen Gefäßen. Fleisch und köstliche Früchte werden gereicht. Männer wie Frauen sind anwesend. Sie werden von Knaben bedient – offenbar so, wie die Erwachsenen in arabischen Ländern noch heute von ihren Söhnen bei Tisch bedient werden:

> Auf golddurchwirkten Ruhepolstern liegen sie, aufgestützt, einander gegenüber. Ewig junge Knaben umkreisen sie mit Gläsern, Krügen und mit einem Becher, gefüllt mit frischem Wasser – Kopfschmerzen befällt sie davon nicht und auch kein Rausch –, mit Früchten, frei zu wählen, und mit Fleisch von Vögeln, wie es sie gelüstet. Und Mädchen mit großen schwarzen Augen umkreisen sie, Perlen gleich, die noch verborgen sind – zum Lohn für das, was sie getan. Dort [in den Gärten] hören sie kein nichtiges Gerede und nichts Frevelndes, sondern [hören] nur sprechen: Friede, Friede!
> *Koran, Sure 56,15–26* (Bobzin)

Was hat es mit den «ewig jungen Knaben» und den «Mädchen mit großen schwarzen Augen» auf sich? Die «ewig jungen Knaben» stellen offenbar die von Gott eigens geschaffene Diener-

**Abb. 13 Ein Fest im Garten.**
Ein junger Mann mit großem Turban (rechts) singt zur Laute vor einer elegant gewandeten adligen Dame (links), die sich auf einem Polster niedergelassen hat. Auch ihre vier jungen Kammerjungfern lauschen. Eine Dienerin, schon älter, mit Kopftuch und Untertuch im Profil gemalt, bringt der Herrin und den Jungfern kühles Getränk in einer langhalsigen Kugelflasche. Die Szene erinnert an das im Koran vom Paradies entworfene Bild. – Miniatur in einem arabischen Manuskript, um 1200.

schaft im Paradies dar. Die Mädchen – die Huris – haben eine andere Funktion. Das Wort *hur* bedeutet «die Schwarzäugigen». Wenige Sätze nach dem angeführten Zitat findet sich eine Erläuterung: «Siehe, wir haben ihnen» – den Schwarzäugigen – «vollendete Gestalt gegeben, zu jungen Frauen sie gemacht, zu Liebhaberinnen gleichen Alters» (Sure 56,35–37). Die jungen Frauen sind den Männern als gleichaltrige Partnerinnen zugedacht, als «reine Ehefrauen», als «geläuterte Gattinnen» (Sure 2,25; 3,57). Beschrieben werden sie als «Frauen mit schwellenden Brüsten» (Sure 78,33), «gute, schöne Frauen mit schwarzen Augen, in Zelten abgesondert, vorher weder von Mensch noch Dschinn berührt, auf grünen Polstern und schönen Teppichen liegen sie» (Sure 55,70–72).

So sehr die Verbindung von Mann und Frau im Paradies betont wird, so wenig Einblick erhalten wir in das dortige eheliche Leben. Der Koran begnügt sich mit Andeutungen – und bleibt daher für die gläubigen Muslime unbefriedigend. Dichter haben deshalb oft die sinnlichen Freuden des Paradieses ausgeschmückt – und manches andere ergänzt, um ein anschauliches Bild des Jenseits zu erzeugen.

## 2 Dichterische Erkundungen des Jenseits

Dichterische Phantasie, verbunden mit theologischer und kosmographischer Spekulation, schmückt das Jenseits weiter aus und schließt so manche Lücke, die der Koran lässt. Durch seine Ausführlichkeit bildet das anonyme *Buch der Leiter Mohammeds* ein vorzügliches Zeugnis für diesen Vorgang. Im 13. Jahrhundert oder früher in arabischer Sprache entstanden, ist das Werk nur in lateinischer und altfranzösischer Übersetzung erhalten. Mögen die Übersetzer auch manchen Einzelzug etwas verwischt haben, so lässt ihre Arbeit doch das originale islamische Gedankengut überall klar erkennen. Beginnen wir mit der Kosmographie des Jenseits, wie sie das *Buch der Leiter Mohammeds* vor Augen führt!

**Das kosmische Rahmenwerk.** Versucht man, die verschiedenen kosmographischen Angaben im *Buch der Leiter Mohammeds* zu einer einheitlichen Anschauung zusammenzufügen, stößt man auf ein unlösbares Problem. Zwar unterscheiden alle Teile des Werkes mehrere Himmelsregionen und mehrere Bezirke der Unterwelt, doch werden diese teils als horizontal nebeneinanderliegend und teils als vertikal übereinandergeschichtet beschrieben. Dementsprechend erscheint das Paradies das eine Mal als ein von unserer Erde durch ein breites Meer getrenntes Land, ein anderes Mal als Bezirk in einem hoch über der Welt liegen-

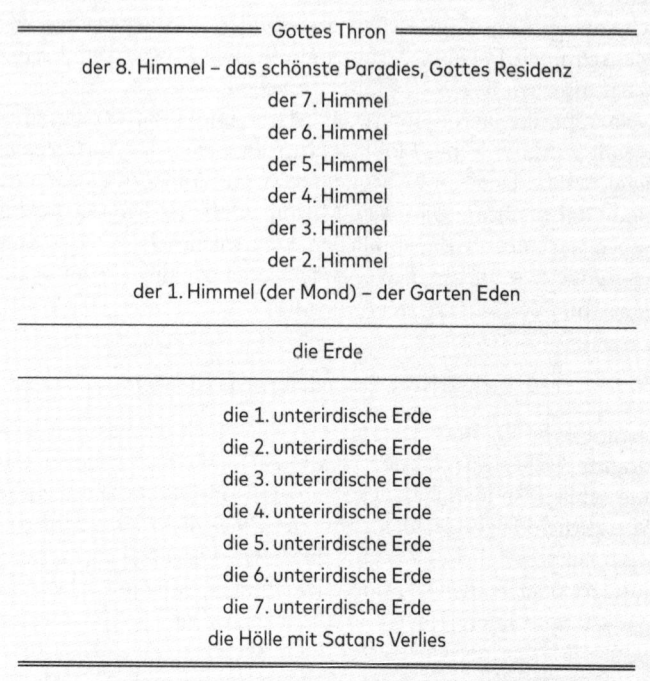

**Abb. 14 Das Weltbild des Buchs der Leiter Mohammeds.**
Das mittelalterliche Werk belegt die dichterische Ausgestaltung des koranischen Weltbilds (Abb. 12) durch die Einfügung von sieben unteren Erden.

den Himmel. Zweifellos hängt diese Uneinheitlichkeit mit der Herkunft der verarbeiteten Überlieferungen zusammen, aber auch mit der zweifellos komplexen Redaktionsgeschichte des Textes (die von der Forschung bisher nicht entschlüsselt worden ist). Da insgesamt der vertikale Aufbau des Kosmos vorherrscht, ist dieser der Skizze zugrundegelegt (Abb. 14).

Der Aufbau des Kosmos ist nach dieser Skizze symmetrisch. In der Mitte liegt die Erdscheibe. Beim Mond beginnen die übereinander aufgeschichteten Himmel, im obersten Himmel residiert Gott; dort befindet sich auch das schönste Paradies für die

Seligen. Unterhalb der Erde liegen unterirdische Erden, ganz unten die Hölle mit dem gefesselten Satan, seinem Gefolge sowie den von Gott verurteilten Verdammten. Zumindest einige der unterirdischen Erden dienen ebenfalls als Höllen. So ist die dritte Unterwelt voll von riesigen Höllentieren, die dorthin verbannte Sünder mit brennendem Gift bespeien.

Eine Besonderheit der Kosmographie des *Buchs der Leiter Mohammeds* sind die Maßverhältnisse im Kosmos. Jede Himmelsscheibe sei «so dick, wie ein Mensch in fünfhundert Jahren gehen kann». Zwischen den einzelnen Himmeln sei ein Abstand, welcher der Dicke des 1. Himmels entspricht – also wiederum eine Strecke, die ein Mensch in fünfhundert Jahren zurücklegen kann. Solche Angaben verwirren den Leser mehr als sie ihn informieren; denn wie soll es für Mohammed möglich gewesen sein, in einer einzigen Nacht die Distanz zwischen mehreren Himmeln zu überwinden?

In der Längsschnittskizze ist nicht alle Information unterzubringen, die das *Buch der Leiter Mohammeds* bietet. Das betrifft insbesondere die «weiße Erde» – eine Erde, «die Gott zu seinem eigenen Gebrauch geschaffen hat». Die dort lebenden Geschöpfe sind unberührt von Adam und dessen Sünde sowie vom Teufel. Sie gehen völlig auf im Gehorsam gegenüber Gott und lobpreisen ihn unentwegt. Eine weitere Auskunft, die sich der genauen Darstellung in der Skizze entzieht, betrifft den Thron Gottes. Obwohl im obersten Himmel in der Residenz Gottes lokalisiert, wird der Thron als eine Wirklichkeit geschildert, die den gesamten Kosmos in sich einschließt – also die verschiedenen Himmel, die Erde und die gesamte Unterwelt. Gott thront auf dem Universum, zugleich umschließt sein Thron alles, was existiert. Das dürfte auch von den weiteren Welten gelten, die Gott erschaffen hat, von denen wir allerdings nur die Zahl erfahren – achtzehntausend Welten!

**Die Jenseitsreise des Propheten nach dem «Buch der Leiter Mohammeds».** Um ihre Spekulationen über die jenseitige Welt in eleganter Form vorzutragen, greifen die islamischen Dichter gerne zur Darstellungsform der Jenseitsreise. Sie lassen einen Helden in die jenseitige Welt reisen. Was der Held selbst sieht und erlebt, wird ergänzt durch Auskünfte, die der Reisende unterwegs durch Befragung von Menschen oder Engeln erhält. Ein solcher Reisebericht liegt im *Buch der Leiter Mohammeds* vor.

In seinem Haus in Mekka liegt Mohammed im Bett neben seiner Gemahlin. Gerade als er einschlafen will, erscheint der Engel Gabriel und fordert ihn auf, mit ihm zu gehen, da Gott Großes mit ihm vorhabe. Die vom Engel mitgebrachte Stute Burāq bringt den Propheten in Windeseile nach Jerusalem. Dort finden die beiden Reisenden eine Leiter vor, die in den Himmel führt. Der Engel Gabriel, der Mohammed auf seiner Jenseitsreise begleitet, wird als von angenehmer menschlicher Gestalt beschrieben: «Sein Antlitz – weißer als Milch oder Schnee, seine Haare rotleuchtender als eine tiefrote Koralle. Breite Augenbrauen, ein schöner, wohlgeformter Mund, weiße, hell glänzende Zähne.» Er trägt ein weißes Gewand, ein goldener Gürtel ist um die Lenden gelegt, ein weiterer quer über die Brust. Seine beiden Flügel und die Füße sind von grüner Farbe – und entsprechen damit der islamischen Vorliebe für Grün. Engel begegnen den beiden Reisenden überall, wo sie hinkommen, oft in großer Zahl. Nur wenige Engel aber werden mit Namen vorgestellt.

Früh auf seiner Reise begegnet Mohammed dem Engel des Todes, dessen Pult in der Nähe der Erde in der Luft schwebt. Einem Buch kann er das Datum und die Todesart jedes Menschen entnehmen und zur vorherbestimmten Zeit dessen Seele aus dem Leib ziehen. Von diesem Engel heißt es, er sei ungeheuer groß. Unter den weiteren Engeln, die dem Reisenden begegnen, befinden sich der Wächter der Hölle und, versehen mit dem Eigennamen Ridwān, der Wächter des Paradieses.

Haben wir es bei Gabriel und Ridwan – und zweifellos auch bei weiteren Wächtern von Paradies und Hölle – mit menschengestaltigen Engeln zu tun, so scheinen diese im Jenseits in der Minderzahl zu sein. So begegnet Mohammed einem Engel in der Gestalt eines Hahnes; dieser führt den Chor der auf Erden lebenden und mit ihrem Gesang Gott preisenden Hähne an. Von riesiger Gestalt, reicht sein Haupt in den Himmel, seine Füße reichen in den Abgrund. Zu solchen seltsamen Wesen gehören auch die Engel des ersten Himmels, die als menschenköpfige, mit Adlerflügeln versehene Ochsen beschrieben werden; offenbar stehen altorientalische Wächtergenien Pate, die man in Museen wie dem Vorderasiatischen Museum auf der Museumsinsel in Berlin bewundern kann. Doch der Bericht steigert sich sogleich zur Phantastik, indem er diesen seltsamen Gestalten jeweils siebzigtausend Köpfe und jedem Kopf siebzigtausend Gesichter verleiht. Zumindest der Autor des *Buchs der Leiter Mohammeds* hat Freude an solchen und ähnlichen bizarren Wesen. Stets wird diesen auch die Aufgabe des immerwährenden Gotteslobs zugeschrieben.

In jedem der acht Himmel begegnet der reisende Prophet heiligen Gestalten, so im ersten Himmel Johannes dem Täufer und Jesus, im zweiten Josef, dem Sohn des (alttestamentlichen) Patriarchen Jakob, im fünften Mose und so fort, bis er im siebten Himmel auf Adam trifft. Der achte Himmel aber ist Gott vorbehalten. Mohammed und der Engel gelangen an eine Stelle, wo der weitere Weg versperrt ist durch Vorhänge und Trennwände aus Edelsteinen, Wasser, Schnee, Hagel, Finsternis, Feuer und Licht. Ein Stück weit begleitet der Engel den Propheten noch, dann muss Mohammed die letzte Wegstrecke allein bewältigen. Vor der letzten Trennwand hört der Prophet Gottes Aufforderung, näher zu treten: «Nähere dich mir, mein Freund Mohammed.» Mohammed tritt näher, um zwischen sich und Gott nur noch den doppelten Abstand eines Pfeilschusses zu lassen. «Daraufhin grüßte ich Gott, und er grüßte mich», berichtet der Prophet. «Dann fragte er mich, wie es meinem Volk gehe. Es sei ihm, Gott, in Gehorsam ergeben. Und er sagte: ‹Mohammed, ich befehle dir, dass du dein Volk veranlasst, sechzig Tage im Jahr zu fasten und jeden Tag fünfzig Gebete zu verrichten.› Nach diesen Worten verabschiedete ich mich und ging so lange zurück, bis ich auf Gabriel traf.»

Von dieser Episode gibt es im *Buch der Leiter Mohammeds* eine Variante. Auch hier schreitet der Prophet durch Trennwände, die sich vor ihm von selbst heben. In der Nähe Gottes angekommen, hört Mohammed, wie Gott Worte des Korans spricht. Mit den leiblichen Augen kann der Prophet Gott nicht sehen, doch er sieht ihn mit dem Herzen. Auch spürt er, wie Gott sein Haupt mit kühler Hand berührt. Gott vertraut dem Propheten den Koran an und erklärt seine Liebe zum arabischen Volk. (In welcher Weise Gott dem Propheten den Koran übergibt, wird nicht mitgeteilt.) Dann erhält der Prophet den Auftrag, von den Gläubigen jedes Jahr sechzig Tage des Fastens und täglich fünfzig Gebete zu verlangen. Verwirrt verlässt Mohammed Gottes Audienz. Auf Anraten des Mose, mit dem er mehrmals spricht, kehrt der Prophet zu Gott zurück, um eine Abmilderung der schwer zu erfüllenden Forderung zu erlangen. Von seiner ursprünglichen Forderung rückt Gott ab; nun schreibt er fünfmaliges Gebet jeden Tag vor, außerdem eine dreißigtägige jährliche Fastenzeit.

Sind beide Varianten des Propheten-Besuches bei Gott von theologischen Überlegungen bestimmt, so ist eine weitere Szene im *Buch der Leiter Mohammeds* in einem volkstümlichen Ton gehalten. Den Ausgangspunkt bildet «der schönste Baum im Paradies». Dort scharen sich die Seligen um einen Engel, der Geschichten erzählt und damit für Unterhaltung sorgt. Diesem Baum – so berichtet das Buch – nähert sich auf Kamelen eine Engelschar. Kaum sind die Engel angekommen, fordern sie die Anwesenden auf, die Kamele zu besteigen und ihnen zu folgen – Gott rufe sie zu sich. Gott zeigt sich ihnen mit unverhülltem Antlitz und erkundigt sich nach ihrem Befinden und ihren Wünschen. Die Seligen verweisen auf ihre Verzichtleistungen im irdischen Leben und bitten um Lohn dafür. Sogleich dürfen sehen, was ihnen Gott bereitet hat: mauerbewehrte Burgen mit Türmen, herrlichen Gebäuden mit vielen lichthellen Sälen und Zimmern, ausgekleidet mit goldenem, grünem und rotem Stoff. Nach der Audienz bei Gott werden die Seligen auf Sänften zu ihren künftigen Wohnstätten gebracht. Bevor sich die Engel verabschieden, fassen sie die Seligen an den Händen, sprechen, spielen und scherzen mit ihnen. Weithin ist ihr fröhliches Lachen zu hören. Jeder der Seligen findet in seinem Haus mehr als gewünscht und von Gott erbeten. – Bemerkenswert in dieser Geschichte sind die Engel, die nicht nur als Boten Gottes auftreten, sondern auch als Geschichtenerzähler, Begleiter und gutgelaunte, zu Scherzen aufgelegte Freunde. Von Gott selbst weiß das *Buch der Leiter Mohammeds* nicht viel zu berichten. Auch in den Szenen der Begegnung bleibt Gott transzendent und unfasslich. Die Engel stehen dem Menschen näher als Gott. Mit ihnen vermag sich der Selige zu vergnügen.

Durch das Paradies wird Mohammed von dessen Wächter geführt. Ridwan zeigt dem Propheten die Landschaft mit Burgen und Städten, Gewässern, Gärten und Pflanzen. An einigen Stellen der Erzählung erscheint das Paradies bereits als von den Seligen bevölkert. Andere erwecken den Eindruck, das Paradies sei menschenleer, weil die Seligen erst nach dem Weltgericht und dessen Urteilsspruch ins Paradies gelangen. So treffen Mohammed und sein Führer auf schöne Frauen, die singend und musizierend auf die Männer warten, die ihnen bestimmt sind. Jedem der gläubigen Männer, die nach dem Weltgericht im Paradies eintreffen, habe Gott fünfzig Frauen als Ehefrauen zugedacht. Daneben stehen ihm noch viertausend Jungfrauen zur Verfügung, wann immer er Lust verspürt. Woher kommen diese Frauen? Ridwan führt den Propheten zu merkwürdigen Zelten. In diesen sprießen die Frauen wie Gras aus dem Boden. (Im Koran heißt es: «Gott ließ euch aus der Erde wachsen wie Pflanzen.» Sure 71,17) Betreten werden diese Zelte nur von Engeln, welche die neu dem Boden Entsprossenen mit prächtigen Kleidern versorgen.

Die unterirdischen Welten kann Mohammed nicht besuchen. Doch Gabriel führt ihn an einen Ort, von dem aus er die Hölle sehen kann. Gabriel klärt ihn darüber auf, wie es dort zugeht. Erwähnt werden furchterregende Frauen (den Erinyen oder Furien der antiken Mythologie verwandt), welche die Sünder so fest umarmen, dass diese den Verstand verlieren. Auch über Satan und dessen Geschick erhält Mohammed genaue Auskunft. Satan, so berichtet Gabriel, sei gleich nach seinem Ungehorsam gegen Gott von den Engeln zusammen mit seiner Gefolgschaft aus dem Himmel verstoßen worden. An Händen und Füßen gefesselt, befinde er sich nun samt seinem Gefolge in einer Festung, die nichts anderes als ein Verlies sei. Nach der Art irdischer Festungen umgebe ein Graben das Gefängnis des Teufels. Nicht Wasser, sondern eine giftige Brühe füllt den Graben und macht so die Festung unzugänglich. Von einem stets brennenden Feuer berußt, sind Mauern, Türme und Gebäude der Festung schwarz. Satan sei nicht für immer in Ketten gelegt. Es werde eine Zeit kommen – die Endzeit vor Gottes Endgericht über die Welt –, wo Satan und seine Scharen befreit werden und unsere Welt heimsuchen. Dieses Ereignis stehe noch aus. (Wer das Buch der Offenbarung des Neuen Testaments aufmerksam liest, findet dort dieselbe Erwartung der Befreiung Satans aus der Unterwelt, bevor er seine endgültige Strafe findet, siehe Offenbarung 20,3. Die islamische Literatur schöpft oft aus biblischer Überlieferung.)

Schließlich bringt Gabriel den Propheten zur Erde zurück und nach Jerusalem, von wo er mit dem Pferd Buraq wieder nach Mekka reiten kann. Zuhause angekommen, setzt er sich auf die Bettkante neben seine Frau, die gerade erwacht. Befragt, warum er so fröhlich sei, berichtet er von dem nächtlichen Erlebnis. Trotz ihrer Bedenken teilt er das Erlebte umgehend auch seinen Stammesgenossen mit. Die einen schenken ihm Glauben und machen sich daran, die Erlebnisse des Propheten schriftlich festzuhalten; die anderen behandeln ihn als Lügner. Damit endet das *Buch der Leiter Mohammeds*.

Bei aller volkstümlichen Erzählweise verrät das Buch echtes theologisches Interesse. Das zeigt sich an der erzählerisch veranschaulichten Idee einer zweifachen Transzendenz: Die erste Transzendenz – der Abstand zwischen der Erde und den himmlischen Welten – wird durch eine Leiter überwunden; die zweite Transzendenz – der Abstand zwischen Mensch und Gott – wird durch die Vorhänge angezeigt, die Mohammed durchschreiten muss, bevor er zu Gott gelangt.

Das Bedürfnis, etwas über die jenseitige Welt zu erfahren, wurzelt tief in der islamischen Seele. In der frühen islamischen Gemeinde kursierten Mohammed zugeschriebene Aussprüche über Hölle, Himmel und Paradies. Die entsprechenden Überlieferungen samt den Autoritäten, die davon berichten, wurden von dem persischen Gelehrten Abū Isḥāq Ahmad al-Thaʿlabī (gest. 1036) aufgezeichnet. Dessen *Erzählungen von Propheten* oder zumindest die darin aufgezeichneten Überlieferungen hat der Kompilator des *Buchs der Leiter Mohammeds* gekannt. Dennoch findet sich manche Abweichung. So versetzt al-Tha'labi den Teufel und seinen Anhang in den 7. Himmel statt in die Hölle – ein Zeichen für die Vielfalt islamischer Jenseitsbilder. Zumindest nach islamischer Vorstellung geht die Legende von Mohammeds Jenseitsreise auf den Propheten selbst zurück. Als wichtigsten Gewährsmann führt die islamische Tradition Abū Sa'īd al-Hudrī an (gestorben um 684 oder 693), der den 632 verstorbenen Mohammed noch gekannt haben soll. Auffällig sind die beiden Varianten der Szene vom Vorsprechen des Propheten bei Gott. In beiden Fällen geht es um die Festlegung der Fastentage und der von der islamischen Gemeinde zu befolgenden täglichen Gebetszeiten. Darin ist der Kern der Jenseitsreise zu sehen: Sie wird erzählt, um das fünfmal täglich zu verrichtende Gebet und das dreißigtägige Fasten als von Gott selbst verlangt zu erweisen. Die Erzählung über Mohammeds Jenseitsreise will demnach in ihrer ursprünglichen Absicht weder etwas über den Aufbau des Kosmos noch Wissen über die jenseitige Welt mitteilen.

**Al-Ma'arri schickt einen Dichter auf Jenseitsreise.** Das *Buch der Leiter Mohammeds* stellt nicht die einzige dichterische Erkundung des Jenseits dar. In seinem *Sendschreiben über die Vergebung* lässt Abū l-Alā al-Ma'arrī (973–1058) den in der syrischen Stadt Aleppo lebenden Dichter Alī Ibn Mansūr ins Paradies reisen und dort mit vielen verstorbenen Dichtern und auch mit Engeln sprechen. In erkennbar satirischer Absicht unterstellt das Werk die Milde Gottes: Allah lässt fast alle Muslime ins Paradies, wenn sich nur irgendein Grund dafür finden lässt – einige wenige gute Taten, die Bekehrung auf dem Totenbett oder wenigstens die Fürsprache eines frommen Mannes. Doch bei aller Satire kehrt al-Ma'arri immer wieder zu echten Problemen der islamischen Theologie zurück und bietet Lösungen an. Eine solche Frage ist die nach den Frauen im Paradies.

Als al-Ma'arris reisender Held Ibn Mansur einen Engel auf

die Frauen im Paradies anspricht, erhält er folgende Auskunft: Im Paradies gibt es zwei Arten von Frauen – die einen hat Gott im Paradies selbst erschaffen, die anderen konnten nach ihrem irdischen Leben aufgrund ihrer Verdienste einen Platz im Paradies finden. Tatsächlich trifft Ibn Mansur eine überaus schöne, für ihn bestimmte Frau. Sie erzählt ihm ihre Geschichte:

> Im Diesseits hieß ich Hamdūna und wohnte am Irak-Tor in Aleppo. Mein Vater war Mühlenbesitzer. Mich heiratete ein Mann, der Plunder verkaufte, doch er verstieß mich wegen des üblen Mundgeruchs, den er an mir verabscheute. Überhaupt war ich eine der hässlichsten Frauen von Aleppo. Als ich das merkte, entsagte ich der trügerischen Welt. Ich gab mich ganz der Verrichtung religiöser Handlungen hin. Meinen Lebensunterhalt erwarb ich durch Spinnen. Das hat mich zu dem gemacht, was du jetzt siehst.
>
> al-Ma'arri, *Sendschreiben über die Vergebung* (Schoeler)

Al-Ma'arris satirische Absicht wird an diesem Beispiel deutlich. Orthodox gelesen, erläutert die Geschichte der Paradiesjungfrau den Gewinn eines der Religion gewidmeten Lebens. Der satirische Hintersinn entgeht keinem aufmerksamen Leser: Ibn Mansur ist nicht nur der Held der Reise ins Paradies, sondern auch der Empfänger von al-Ma'arris *Sendschreiben*. Der Adressat muss sich gefallen lassen, dass ihn der Dichter im Jenseits mit der hässlichsten Frau der Stadt verbindet, in der er sein irdisches Leben verbringt. Es handelt sich um nichts anderes als eine orthodox verbrämte Unverschämtheit, über die sich Ibn Mansur ärgert – und jeder andere Leser lacht.

Zu den bemerkenswertesten Abschnitten in al-Ma'arris Buch gehört das Kapitel über Ibn Mansurs Erkundung der Hölle. Wie Mohammed kann der Jenseitsreisende nicht die Hölle selbst betreten, doch einen Ort im Paradies aufsuchen, von dem aus in die Hölle geblickt werden kann. Ibn Mansur bittet die Höllenwächter, ihm bestimmte Insassen der Hölle herbeizurufen, damit er mit ihnen sprechen kann. Zu den Herbeigerufenen gehört auch Satan. Gefesselt schleppen ihn Strafengel herbei. Satan nutzt das Gespräch für eine seiner Bosheiten. Im Paradies, so

Satan, sei vieles erlaubt, was im irdischen Leben verboten ist, zum Beispiel der Weingenuss. Gilt dasselbe auch für gleichgeschlechtlichen Verkehr?, erkundigt sich Satan scheinheilig. Ibn Mansur schleudert dem Teufel einen Fluch entgegen und führt Gottes Wort aus dem Koran an: Die Seligen werden «reine Ehefrauen» haben (Sure 2,25). Also kann es keine homosexuellen Verbindungen im Paradies geben. Die Szene soll zeigen: Auch in der Hölle bleibt Satans widergöttlicher, der Sünde verfallener Charakter erhalten. Deshalb muss er auf ewig in seinem Verlies bleiben.

Insgesamt dient al-Ma'arris Erzählung vor allem der gekonnten Verspottung des vom Autor auf die Jenseitsreise geschickten Dichters Ali Ibn Mansur. Die Gespräche, die der Reisende mit Bewohnern von Paradies und Hölle führt, bieten Gelegenheit, Verse aus der Dichtung anzuführen und manchmal zu erläutern, so dass der Autor auch mit seiner Kenntnis arabischer Poesie und seiner Gelehrsamkeit glänzen kann – und damit die Leser unterhalten.

## 3 Al-Ghazali: Eine Philosophie des Jenseits

Sehen islamische Dichter ihre Aufgabe darin, den koranischen Jenseitswelten Anschaulichkeit zu verleihen und fehlende Auskünfte zu erteilen, so neigen Philosophen zu kritischer Beschränkung. Sie suchen Anschaulichkeit durch abstrakte Begriffe zu bändigen. Begriffliche Klarheit ziehen sie der volkstümlichen, auf einfache Menschen zugeschnittenen Bilderwelt vor. Als Meister und Klassiker der begrifflichen Erfassung der islamischen Jenseitswelt gilt al-Ghazālī (oder Gazzālī, 1058–1111). Die eigenständige Religionsphilosophie des aus Persien stammenden Gelehrten gipfelt, wie zu zeigen ist, in der Mystik.

Im Koran stehen Sätze wie: «Er ließ sich hoch oben auf dem Throne nieder» und «Er ist bei euch, wo immer ihr auch seid». (Sure 57,4) Einfache Leute – al-Ghazali schreibt: «die Ungebildeten» – stellen sich Gott in Menschengestalt vor, als jemanden, der sich auf einem Thron niederlässt. Da derselbe Text sagt, Gott sei immer bei seinen Gläubigen anwesend, entsteht für die

Ungebildeten ein Widerspruch, denn entweder sitzt Gott auf seinem Thron, oder er bewegt sich hin zu seinen Gläubigen. Also muss der Gelehrte den einfachen Menschen sagen, Gott sei keinem Ding gleich, denn er höre und sehe alles – und genau das steht an anderer Stelle im Koran (Sure 42,11). Wenn einfache Leute nun aber weiteren Aufschluss suchen, so soll man zu ihnen sagen: «Das ist nicht euer Nest. Geht euren eigenen Weg! Jede Wissenschaft hat ihre eigenen Leute.» Allenfalls darf man noch erklären: Was «Sitzen» auf dem Thron meint, ist bekannt, das Wie aber unbekannt. Danach zu fragen ist unerlaubte Neuerung, daran zu glauben aber Pflicht. Mit solchen Worten solle sich der Gelehrte aus der Affäre ziehen. Al-Ghazali erklärt seinen gelehrten Lesern genau, warum er diesen Standpunkt vertritt: Die Gelehrten haben die Pflicht, alles vom Gottesbegriff fernzuhalten, was Gott anderen Dingen – auch Menschen – ähnlich macht. Sie sind verpflichtet, auf die Andersheit, die Unähnlichkeit Gottes hinzuweisen. Laien aber brauchen den Wortlaut des Korans nicht vollständig zu verstehen. Sie sind nicht imstande, Begriffe zu verstehen und sie in Worte zu fassen. Auch fehlt ihnen das Verständnis für den übertragenen Wortgebrauch in der arabischen Literatur.

Wie aber ist die angeführte Koranstelle richtig zu verstehen, so wie es sich für Gelehrte geziemt? Für die Gelehrten hat al-Ghazali folgende Erklärung bereit, die er ausführlich darlegt: Vom Thron Gottes und vom Sitzen Gottes auf dem Thron werde lediglich metaphorisch gesprochen. Man dürfe die Aussage des Korans nicht wörtlich verstehen. Gott besitze keinen Thron und setze sich nicht darauf (al-Ghazali, *Kitāb al iqtisād* 28).

Und wie steht es mit den im Koran den Seligen versprochenen Heilsgütern, zum Beispiel den schönen Paradiesjungfrauen? Diese Frage beantwortet der Philosoph durch eine Überlegung über die Haltung der Gläubigen zu dem, was sie im Jenseits erwartet. Gemäß ihrer Haltungen lassen sich drei Arten von Gläubigen unterscheiden, die al-Ghazali als die Fürchtenden, die Hoffenden und die Liebenden beschreibt. Die Fürchtenden wenden sich dem Glauben und der islamischen Lebensweise zu, weil sie sich vor den Höllen und deren Feuer fürchten; durch Glauben und die islamische Lebensweise meinen sie, den Höllenstrafen zu entkommen. Die Hoffenden werden durch die Aussicht auf die Belohnung mit dem Paradies und dessen ewige Wohltaten – Schlösser und Paradiesjungfrauen – zum Glauben bewegt; die Furcht vor der Hölle spielt für sie keine Rolle. Den Hoffenden kommt höherer Rang zu als den Fürchtenden. Beiden überlegen jedoch sind die Liebenden. Sie kümmern sich weder um die Strafen im Jenseits noch um die Annehmlichkeiten im Paradies; ihr ganzes Streben ist allein auf Gott gerichtet. Sie sind die wahren Monotheisten, denn wer außer Gott selbst noch etwas anderes verlange – etwa jene Schlösser –, der sei insgeheim Polytheist.

> Wer Gott kennt und die Lust kennt, Gottes erhabenes Antlitz zu schauen, und um die Unmöglichkeit weiß, diese Lust mit der Lust des Vergnügens an den großäugigen Paradiesjungfrauen und des Schauens auf die Schönheit der Schlösser und das Grün der Bäume [im Paradies] zu verbinden, der liebt allein die Lust der Anschauung [Gottes] und wählt nichts anderes. Glaube nicht, dass die Bewohner des Paradieses, wenn sie Gottes Antlitz schauen, für die Lust an den Paradiesjungfrauen und an den Schlössern Raum in ihrem Herzen haben.
> 
> al-Ghazali, *Ihjā' ulūm ad-dīn* (nach J. Schacht, *Der Islam*, 1931, S. 113)

Gott allein genügt – in dieses knappe Wort lässt sich al-Ghazalis mystische Theologie zusammenfassen. Bemerkenswert bleibt die Unterscheidung des Philosophen zwischen verschiedenen Arten von Menschen. Vielleicht lässt sich al-Ghazali so verstehen: Im Jenseits wird es drei verschiedene Gruppen von Seligen geben: Die erste freut sich, weil sie der Hölle entkommen ist; die zweite, weil sie in den Genuss der sozialen und materiellen Segnungen des Paradieses kommt; und die dritte, weil sie Gott nun stets nahe sein kann, ohne dass etwas von der Gemeinschaft mit Gott ablenkt. Al-Ghazali selbst möchte der dritten Gruppe angehören.

Wie wir in einem späteren Kapitel sehen werden, trifft sich

al-Ghazalis Mystik mit der Meinung jener christlichen Theologen, die ein theozentrisches Bild vom Leben nach dem Tod entwerfen (siehe Kapitel IV.2). Entspricht solche Theozentrik aber dem Wesen des Menschen, den Gott für mitmenschliche Kommunikation und den Genuss materieller Güter geschaffen hat? Einen solchen Einwand würde al-Ghazali weit von sich weisen. Wer ein derart anthropozentrisches Paradies erwartet und für angemessen hält, ist für ihn eben ein «Hoffender», der die Höhe des mystischen Erlebens noch nicht erreicht hat. Oder nicht erreichen kann. Der Philosoph äußert sich nicht darüber, welcher seiner drei Gruppen er Mohammed zuordnen würde, doch ein Blick in den Koran genügt, um ihn als «Hoffenden» zu identifizieren. Mohammed war kein Mystiker – und al-Ghazali könnte sich ihm überlegen fühlen.

Al-Ghazalis Jenseitskunde wird von zwei Motiven beherrscht: vom philosophischen Willen, Gott als transzendent und jeder menschlichen Vorstellung überlegen zu schildern, und vom mystischen Willen, die individuelle Begegnung mit Gott als den eigentlichen Sinn des Lebens im Jenseits darzulegen. Mit dem philosophischen Ansatz trifft al-Ghazali zweifellos die Intention des Propheten: Obwohl Mohammed philosophischem Denken fernstand, hätte er der Argumentation al-Ghazalis Verständnis entgegengebracht. Doch mit der Mystik bringt al-Ghazali eine theozentrische Religiosität ins Spiel, die Mohammeds Mentalität und seiner Prophetie fremd war. Seit dem 8. Jahrhundert übernahmen Denker wie al-Ghazali, von den «heiligen Männern» – den christlichen Asketen – beeindruckt, deren asketische Lebensweise ebenso wie deren mystische Frömmigkeit und suchten diese im Islam heimisch zu machen.

## 4 Prophetie, Erotik und Askese

Die Vielfalt der spätantiken Kultur spiegelt sich im Koran, der islamischen Literatur und deren Jenseitsbildern. Wir können sie mit vier Stichworten charakterisieren: Kultur der Prophetie, des heiligen Buches, der Erotik und der Philosophie.

Mit dem Erlebnis göttlicher Offenbarung erneuert Mohammed das längst versiegte prophetische Charisma des Alten Israel, das Charisma von Gottesmännern wie Amos, Jesaja und Ezechiel. Als Mohammed seine Offenbarungen kundgibt, liegt die ihm als Vorbild dienende Tätigkeit der biblischen Propheten bereits ein Jahrtausend zurück, ist jedoch im kulturellen Gedächtnis noch vorzufinden. Mohammed gibt der wiederbelebten Offenbarungsprophetie nicht nur ihre bedeutendste spätantike Form, sondern ihre letzte menschheitsgeschichtlich bedeutsame Gestalt.

Die Offenbarung wird im Koran mit der Idee des autoritativen Buches verbunden, die ebenfalls aus dem antiken Judentum stammt. Mit Recht gilt der Islam als «Buchreligion». Noch unmittelbarer und buchstäblicher als in Judentum und Christentum soll das heilige Buch das ganze Leben und Denken regeln: Ehe und Erbschaft ebenso wie die Lehren vom einen, monotheistischen Gott, von Mohammed als dessen Gesandtem und den jenseitigen Welten. Die Lehre vom Jenseits wird im Koran eher angedeutet als entfaltet. Sie dient der Einschärfung des monotheistischen Glaubens und der Moral: Wer sich zum Glauben an den einen Gott und seinen Propheten bekennt und sich an die Forderungen der Moral hält, dem winkt paradiesischer Lohn. Wer dem zuwiderhandelt, verfällt dem Feuer der Hölle. Die Beschreibung von Lohn und Strafe wird im Koran kaum ausgemalt, und selbst in den nachkoranischen literarischen Darstellungen des Jenseits werden die vom Koran vorgegebenen Themen kaum überschritten.

Während sich Prophetie und Buch bruchlos zusammenfügen, bilden Erotik und Philosophie ein Gegensatzpaar. In Koran und islamischer Literatur erfahren wir von erotischen Freuden der Männer, so gut wie nichts dagegen über geistige Beschäftigungen der Seligen. Warum die erotischen Freuden des Paradieses so stark betont werden, ist schwer zu sagen. Hat ein entsprechender Traditionsstoff den Propheten erreicht und seine Botschaft beeinflusst? Oder soll jeder ein wohlhabender Scheich mit großem Harem werden? Dann würde die koranische Verheißung auf der Einschätzung des Propheten beruhen, ein erotisches Paradies würde seine männlichen Zeitgenossen beeindrucken und zum monotheistischen Glauben bewegen. Oder spiegelt sich hier eine Phantasie des Propheten, der neben seiner ersten Ehefrau neun weitere hatte? Zumindest einmal hörte der Prophet Kritik oder verfiel auf Selbstkritik, die zu dem Gotteswort «jetzt ist Schluss mit der Vergrößerung des Harems» führte (Sure 33,52). Vergleichen wir die koranische mit der biblischen Erotik, so erscheint letztere in Gestalt des Hohenlieds am Rande der jüdischen und christlichen Heiligen Schrift, während erstere, von Mohammed energisch vertreten, im Zentrum des heiligen Buches steht. Vom Koran ermutigt, haben islamische Autoren des Mittelalters ausführliche erotische Traktate geschrieben, die heute wieder Aufmerksamkeit finden.

Anders als Mohammed praktizieren manche islamische Philosophen wie al-Ghazali eine enthaltsame Lebensweise. Mit ihr gewinnt die islamische Kultur Anteil am weit verbreiteten Asketentum der Spätantike, jener Strömung, die in der christlichen Welt in der Schaffung der mittelalterlichen Klosterkultur ihren Höhepunkt findet. Doch anders als im Christentum blieben islamische Asketen die Ausnahme. Sie konnten sich zu Vereinen zusammenschließen, gründeten jedoch – von ganz seltenen Fällen abgesehen – keine Klöster.

## IV Das Christentum und die Revolutionen des Weltbilds

Die Anfänge der christlichen Religion liegen im 1. Jahrhundert in Palästina. Doch erst im 2. Jahrhundert zeichnet sich die Entstehung einer neuen Religion ab. Diese organisiert sich in lokalen Gemeinden mit regelmäßiger Versammlung und kehrt sich von der jüdischen Mutterreligion ab, behält jedoch deren heilige Bücher bei (die sie als «Altes Testament» versteht). Sie bringt eine eigene Literatur hervor, fasst diese in einer Büchersammlung zusammen (bis heute bekannt als das Neue Testament) und entwickelt einen Grundbestand an Lehren. Justin der Märtyrer, einer der frühchristlichen Apologeten in Rom um 150, hat bereits feste Vorstellungen von der Hölle. Er kann Sätze schreiben wie: «Wer ungerecht lebt und sich nicht bekehrt, wird, wie wir glauben (*pisteuomen*), im ewigen Feuer bestraft.» (*Apologie* I 21) Der Glaube (griechisch *pistis*) wird als feststehende Überzeugung und Lehre betrachtet. Der unverrückbare dogmatische Glaube setzt sich durch und wird auch im 4. Jahrhundert nicht verändert, als das Christentum unter Kaiser Konstantin und dessen Nachfolgern zur maßgeblichen Religion des spätrömischen Reiches aufsteigt.

Seit der Antike haben Theologen als die beruflichen Fachleute des Glaubens, aber auch Dichter und Laien die christliche Lehre durchdacht und anspruchsvoll dargestellt. Das gilt nicht zuletzt für die mit dem Jenseits zusammenhängenden Themen – Gott, Engel, Hölle, Himmel und ewiges Leben der Seligen: alles Themen, die das christliche Weltbild bis heute bestimmen. Drei typische und einflussreiche Jenseitslehren werden hier vorgestellt. Als Vertreter spätantiker Theologie kommt an erster Stelle Augustinus zu Wort, dann Dante als mittelalterlicher Dichter und zuletzt Swedenborg als Repräsentant neuzeitlicher Laientheologie.

## 1 Augustinus: Eine Philosophie des Jenseits

Augustinus (354–430) – geboren in Nordafrika, im heutigen Algerien, dort gestorben als Bischof von Hippo – ist einer der fruchtbarsten Denker der Antike. Zu seinen lateinischen Werken, die bis heute die Grundlage theologischer Reflexion im katholischen wie im protestantischen Christentum bilden, gehören die *Bekenntnisse* (*Confessiones*) und das umfangreiche theologische Handbuch *Der Gottesstaat* (*De civitate Dei*). Seine Theologie beruht auf intensivem Studium der Bibel und ebenso eingehender Beschäftigung mit platonischer Philosophie, wie sie in den Schriften der Neuplatoniker Plotin und Porphyrius niedergelegt ist.

Der neuplatonischen Philosophie verpflichtet, stellt sich Augustinus die Welt als gestuft vor, als das, was später als «Stufenleiter der Wesen» bezeichnet wird. An der Spitze aller Wesen steht Gott als Schöpfer, absteigend folgen Engel, Mensch, Tier und die unbelebte Welt. In der Bibel lässt sich ein Beleg dafür finden: Auf einem Stein schlafend, träumt der Patriarch Jakob von einer Leiter, auf der Engel zum Himmel hinaufsteigen. Am oberen Ende der Leiter steht Gott (Gen 28), so dass sich die Reihe «Gott – Engel – Mensch – Stein» ergibt. Nach Augustinus reichen die Geschöpfe Gottes «vom Engel bis zum Wurm», «von den Himmelshöhen bis hinab zu den Tiefen der Erde» (*Bekenntnisse* VIII 3,8). Vertikal angeordnet, ergibt sich dieses Bild:

Gott
Engel
----------
Mensch
Tier
Stein

Nach Augustinus kommt Gott die Fülle des Seins zu, während alle weiteren Glieder der Reihe mit einem jeweils geringeren Maß an Sein ausgestattet sind. Oder, von unten nach oben betrachtet: Mit jeder höheren Stufe nimmt die Seinsdichte zu, bis sie in Gott selbst ihre unüberbietbare Fülle erreicht. Die gesamte Kette der Wesen hängt an Gott. Jenseits der Schranke zwischen Engel und Mensch liegt die höhere, dem Menschen unzugängliche Welt – die Welt Gottes und der Engel. Die Kette war einst dadurch perfekt, dass sich Engel und Menschen als geistbegabte Wesen in Dankbarkeit «nach oben», zu Gott hin, öffneten und dadurch in Harmonie mit dem Schöpfer und der gesamten Stufenleiter der Wesen existierten.

Dieser Zustand war nicht von Dauer. Die beiden mit Vernunft und freiem Willen ausgestatteten Glieder der Stufenleiter – Engel und Menschen – brachten die Leiter und damit den gesamten Kosmos in Unordnung. Einige der Engel fielen von Gott ab und wurden deshalb aus dem Himmel verbannt. Durch den Sündenfall im Paradies und die dadurch verursachte Vertreibung aus Gottes Garten – dem Paradies – stehen auch die Menschen nicht mehr in der unversehrten Seinsordnung. Nach

## Augustinus: Eine Philosophie des Jenseits

seinem Heilsplan will Gott die ungehorsamen Engel endgültig aus der Seinsordnung ausschließen. Von den Menschen will er einen Teil wieder auf sich hinordnen, und die für das Heil bestimmten sollen den Engeln gleichgestellt werden. Warum die Gleichstellung? Die von Gott in Gnaden aufgenommenen Menschen «sollen den Verlust [an Mitgliedern], den die Gesellschaft der Engel durch den Sturz der Teufel erlitten hatte, wieder ausgleichen» (Augustinus, *Handbüchlein* IX 29). Die Wiederherstellung der Stufenleiter wird nach Augustinus erst nach dem in der Zukunft liegenden Weltgericht erfolgen. In der Gegenwart gibt es einen Gottesstaat (*civitas Dei*), bestehend aus den gottestreuen Engeln im Himmel und den gläubigen Menschen auf Erden. «Der eine Teil dieses Staates, der aus sterblichen Menschen besteht und dereinst den Engeln zugesellt werden soll, pilgert noch, der Wandelbarkeit unterworfen, auf Erden – oder aber ruht, soweit bereits aus dem Leben geschieden, in den geheimen Zufluchtsstätten und Wohnsitzen der Seelen.» (Augustinus, *Gottesstaat* XII 9) Über die geheimen Orte teilt Augustinus noch Folgendes mit: Dort sind die Verstorbenen in drei Gruppen eingeteilt. Der ersten sind die wahrhaft Seligen zugeordnet; die Mitglieder der zweiten müssen für ihre leichten Sünden noch büßen, werden jedoch die Seligkeit erlangen, nicht zuletzt durch das fürsprechende Gebet der lebenden Gläubigen; die dritte Gruppe ist bereits dem ewigen Verderben preisgegeben.

Wie wird die Ordnung in der absoluten Zukunft, nach dem Weltgericht, aussehen? Nach Augustins *Gottesstaat* ergibt sich folgende endgültige Stufenleiter:

Gott
Engel
Mensch
----------
die bösen Engel
die verdammten Menschen

Auch hier gilt: Die Fülle des Seins kommt allein Gott zu, absteigend besitzen Engel, Mensch, die bösen Engel und die verdammten Menschen ein jeweils vermindertes Maß an Sein.

| zeitliche Güter | ewige Güter |
| --- | --- |
| Gesundheit | ewiges Leben, Unverletzlichkeit und Unsterblichkeit von Leib und Seele |
| Reichtum | – |
| Ehre | uneingeschränkte Ehre |
| Freunde | Gemeinschaft mit Engeln, himmlische Bürgerschaft (*civitas caelestis*) |
| Haus | – |
| Söhne, Ehefrau | – |
| – | ein unsterblicher Vater (gemeint ist Gott oder Christus) |
| – | ein Vaterland ohne Feinde (gemeint sind Himmel und neue Erde) |

**Abb. 15 Zeitliche und ewige Güter bei Augustinus.**
Links die Güter, die im Idealfall das irdische Leben des Menschen – eigentlich des Mannes – bestimmen. Rechts die Güter, die das Leben eines erlösten Menschen in einer neuen, ewigen Welt charakterisieren. Nach Augustinus, *Predigt* 80.

Gott, Engel und Menschen leben in einem einheitlichen, ganz von Gott bestimmten Lebensraum: Gott und Engel im Himmel, die Menschen auf einer erneuerten, umgestalteten Erde. Die ewig lebenden, keiner Alterung und keinem Tod mehr unterworfenen Menschen verfügen über einen neuen Leib. Männliche und weibliche Geschlechtsmerkmale bleiben erhalten. Letztere haben zwar keine Funktion mehr, doch ihr Fehlen würde die Schönheit beeinträchtigen – ein bemerkenswerter, bei dem schönheitsliebenden Augustinus nicht überraschender Gedanke. Obwohl von den Engeln unterschieden, sind die Menschen ihnen gleichrangig. Miteinander bilden sie die eine, zahlreiche Bürgerschaft des ewigen Gottesstaates. Näheres verrät Augustinus in einer seiner Predigten, wo er die ewigen Güter der künftigen Existenz aufzählt und mit den Gütern der irdischen Welt vergleicht (*Predigt* 80,7). Eine Tabelle verdeutlicht den Vergleich (Abb. 15).

In der linken Spalte, das irdische Leben charakterisierend, steht der einzelne Mensch – genauer: der Mann – im Mittelpunkt; um ihn gruppieren sich Freunde, Söhne und Familie. Im ewigen Leben (rechte Spalte) ist der Einzelne in eine umfassende Gemeinschaft unter Gott als «Vater» eingebunden; ein Privatleben mit Frau und Familie entfällt. Das Fehlen der engeren Familie im ewigen Leben beruht auf der von Augustinus angeführten Bemerkung Jesu, in der anderen Welt gebe es keine Ehe (Mk 12,25). Im ewigen Leben entfällt die Ehe, dafür wird der Freundeskreis größer, da er nun Menschen und Engel umfasst. Allerdings mag man in dem Hinweis auf den göttlichen Vater auch eine Infantilisierung des ewigen Lebens sehen: Die Seligen sind unverheiratete Kinder in einer vom Vater geschützten Gesellschaft. Auf diese Weise steht der Ichbezogenheit der irdischen Existenz (links) die Gesellschafts- und Gottbezogenheit im ewigen Leben (rechts) gegenüber. Hier Egozentrik, dort Allozentrik.

Ausführlich erörtert Augustinus das Verhältnis der Seligen zu Gott. Sie nehmen immer und überall Gott wahr – das ist ihr wichtigstes Merkmal, Grundlage ihrer Seligkeit. Einmal schreibt er, die ganze Seligkeit bestehe im «Einschlürfen» (*sorbēre*) der Anwesenheit Gottes (*De catechizandis rudibus* XXV 47), was bedeutet: Sie füllen ihr Inneres mit Gott. Der Vorgang gleicht, wie es scheint, der Wahrnehmung eines geliebten Menschen, von dem der Liebende Augen und Sinn nicht abwenden kann. Obwohl äußerst knapp, lassen Augustins Ausführungen eine klare Konzeption erkennen: Die Seligen sind auf Gott ausgerichtet, er ist der Vater ihres Vaterlandes, das sich aus neuer Erde und Himmel der Engel zusammensetzt. Alle leben in erfreulicher Gemeinschaft. Im Sinne einer Augustinus und seiner spätrömischen Gesellschaft geläufigen sozialen Institution darf man wohl sagen: Gott ist der Patron aller Seligen; sie machen Gott ihre Aufwartung, doch ihre Existenz erschöpft sich nicht in der Beziehung zu ihrem Herrn. Diese Himmelsvorstellung kann als *zweipolig* bezeichnet werden, da sie einen ebenso deutlichen göttlichen wie menschlichen Pol enthält – etwa so, wie es ein Renaissancekünstler ins Bild gebracht hat (Abb. 16, Umschlaginnenseite vorn).

Wie steht es mit der Hölle? In der Ewigkeit verläuft die Grenze zwischen Diesseits und Jenseits anders als zuvor; sie verläuft nicht mehr zwischen Mensch und Überwelt, sondern zwischen Mensch und Unterwelt. Die ihre ewige Strafe büßenden bösen Engel und die verdammten Menschen befinden sich in einem hermetisch abgeschlossenen, jenseitigen Bezirk – der Hölle. Nach Augustins Überzeugung sind die körperlosen bösen Engel ebenso wie die einen Leib besitzenden Verdammten ewiger Feuerpein ausgesetzt. Allen Insassen der Hölle fügt das Feuer permanent Qualen zu, ohne dass das Leben der Verdammten erlischt.

Mehrfach verweist Augustinus auf die Grenzen seines Wissens. Worin bestehen die Unterschiede zwischen verschiedenen Engelsklassen, den «Thronen», «Herrschaften» und «Fürstentümern»? «Ich für meine Person», schreibt er, «muss gestehen: ich weiß nichts darüber.» (*Handbüchlein* XV 58) Auch über das Feuer der Hölle und überhaupt den Ort der Hölle würde man gerne mehr erfahren. Es handele sich um ein Feuer, bekennt Augustinus, «von dem meiner Meinung nach kein Mensch weiß, welcher Art es ist und in welchem Teil der Welt oder des Weltalls es sich befinden wird – es müsste ihm denn Gottes Geist geoffenbart haben» (*Gottesstaat* XX 16). So bleiben für Augustinus viele Fragen. Weder die von ihm sorgfältig studierten biblischen Schriften noch die von ihm geschätzten neuplatonischen Philosophen erteilen einschlägige Auskunft. Insgesamt bekennt sich Augustinus zu einem Satz aus dem Buch der Weisheit, den er wörtlich anführt, ohne ihn auf alles theologische Wissen zu beziehen: «Die Gedanken der Sterblichen sind zaghaft, und unsicher unsere Vermutungen.» (*Gottesstaat* XX 20, nach Weish 9,14)

## 2 Dantes *Göttliche Komödie*: Eine Jenseitsdichtung

Dante Alighieri (1265–1321), geboren in Florenz, gestorben in Ravenna, gilt als der bedeutendste Dichter der Frührenaissance. Die *Divina Commedia*, in toskanischer Volkssprache geschrieben, entsteht 1306–1321. Der Titel *Commedia* (toskanisch *Co-*

**Abb. 17 Der Aufbau der Welt in Dantes Göttlicher Komödie.** In einem Wald bei Florenz betritt Dante die tief in der Erde liegende Hölle (ganz unten), durchschreitet deren neun Kreise, kommt dann zu Satan. Der Reisende tritt aus der Erde aus, besteigt die neun Stufen des Läuterungsbergs, gelangt zum irdischen Paradies. Der weitere Aufstieg über neun Himmel führt zur Himmelsrose, in der die Seligen Gott begegnen. Die Pfeile markieren den Weg des Reisenden.

Der dreifaltige Gott
Himmelsrose
↑
neun Himmel
(1. Himmel = Mond, 9. Himmel = Ort der Engel)
↑
irdisches Paradies
neun Stufen des Läuterungsbergs
↑
Luzifer
neun Kreise der Hölle (im Erdinneren)
↑
Erdoberfläche

*media*, so der ursprüngliche Titel, ohne «divina») verweist nicht auf ein Theaterstück, sondern will auf den guten Ausgang hinweisen, den das erzählte Geschehen für den mit dem Autor identischen Ich-Erzähler hat.

Das Epos umfasst drei Teile: *Inferno* – die Hölle, *Purgatorio* – das Fegfeuer, *Paradiso* – der Himmel. Die drei Jenseitsbereiche sind dem Menschen erst nach dem Tod zugänglich; Dante darf sie bereits zu Lebzeiten durchwandern (Abb. 17). Das Geschehen wird von vier Hauptpersonen getragen: Dante selbst, der Autor, ist Berichterstatter, Vergil, der römische Dichter, sein Führer durch weite Teile der jenseitigen Welt. Beatrice, die von Dante angebetete, jung verstorbene Florentinerin (vielleicht keine historische Person), befindet sich bereits im Himmel. Bernhard von Clairvaux, als Heiliger ein Bewohner des Himmels, dient dem Dichter als Führer auf der letzten Station seiner Reise. Für den Höllenbesuch werden zwei Tage angesetzt, für die Wanderung durch das Fegfeuer vier Tage, im Himmel darf sich der Reisende nur einen Tag aufhalten. Die Jenseitsreise insgesamt dauert sieben Tage.

**Zwei Tage in der Hölle (Inferno).** Der fünfunddreißigjährige Autor hat sich im Wald der Sünde verirrt. Plötzlich steht Vergil vor ihm. Nicht zufällig hält sich der römische Dichter in Dantes Wald auf. Beatrice hat im Himmel für Dante ein Wort eingelegt; daraufhin wird Vergil zu Dante gesandt, der sich als Sünder bekennt. Eine Reise durch die jenseitige Welt kann ihn zu Reue und Buße und somit zum ewigen Heil führen. Von Vergil geführt, tritt Dante die Reise an. Durch ein dunkles Tor gelangen sie ins Innere der Erde – und unmittelbar in die Hölle, deren Gesetz in dunklen Lettern über dem Höllentor geschrieben steht: «Lasst alle Hoffnung fahren, die ihr hier eintretet.» (*Lasciate ogni speranza, voi ch' entrate.*) Wer einmal in der Hölle ist, kann diesen Ort nicht mehr verlassen. Nur durch besonderes göttliches Privileg wird diese Regel für Dante und Vergil aufgehoben.

Dante gibt seiner Hölle eine klare geographische Gestalt. Sie besteht aus einem immensen, ins Erdinnere hineingetriebenen trichterförmigen Schacht. Dieser verjüngt sich zunehmend, um im Mittelpunkt der Erde nur noch einer einzigen Person Raum zu bieten – Luzifer, der dort in einen Eisblock eingefroren ist. Antikisierend nennt Dante den Höllenfürsten auch mit dem Namen des römischen Unterweltsgottes Dis (italienisch: «Dite»). Stöhnen und Geschrei der Verdammten erfüllen die Hölle. Wenn Dante mit den Gequälten redet, erfährt er oft ihre Sünde, die zum Absturz ins ewige Verderben geführt hat. Der äußerste Rand der Hölle erscheint als der erträglichste Ort; er ist den Lauen, Unentschiedenen vorbehalten, jenen Menschen, die sich nicht für das Gute entscheiden konnten. Tiefer im Inneren des Reichs der Finsternis trifft Dante im ersten Kreis der Hölle – einer ersten Terrasse, der acht weitere folgen – viele Heiden und alle ungetauft Verstorbenen; namentlich genannt werden die Philosophen Sokrates, Platon und Diogenes, der Arzt Hippokrates und der Staatsmann Cicero. Auch Vergil selbst gehört diesem ersten Kreis der Hölle an. In den weiteren Kreisen trifft der Wanderer auf Verdammte, deren Sünde schwerer und deren Qual dementsprechend größer ist. Auch hier erfährt der Reisende manchen Namen: Odysseus, Homer, Simon der Magier (der durch eine Geldgabe das Amt eines Apostels Christi erlangen wollte), Kleopatra und Mohammed.

**Abb. 18 Die Bestrafung der Diebe.**
In dieser Illustration zur *Göttlichen Komödie* (Inferno XXV) schauen Dante und Vergil in jenen Bezirk der Hölle, wo die Diebe von Schlangen und einem drachengestaltigen Teufel – rechts im Bild – gequält werden. Zu den Gequälten gehört auch der Zentaur Kakos («der Schlechte»); halb Mensch, halb Pferd, hat er einst dem griechischen Halbgott Herakles die Rinder entwendet. – Joseph Anton Koch, Radierung 1808.

Mohammeds Leib ist geöffnet, Innereien sind sichtbar und quellen hervor. Im Hintergrund steht eine Überlieferung, der zufolge ein Engel Mohammeds Leib geöffnet und sein Inneres gereinigt hat, damit er seine Mission erfüllen kann. Dante kannte diese Tradition und bietet seinem Jenseitspilger den furchtbaren Anblick des entstellten Propheten.

Zur höllischen Prominenz gehören auch namentlich genannte Päpste: Anastasius II. und Nikolaus III. sind bereits in der Hölle, Bonifatius VIII. wird im Inferno erwartet. (Papst Bonifaz stirbt 1303, die *Commedia* spielt im Jahr 1300.) Später, im *Paradiso*, hören wir, wie sich der Apostel Petrus über die Päpste empört – sie haben, ruft er, meine ehrwürdige Grabstätte in

Rom geschändet und in einen blutigen, stinkenden Pfuhl verwandelt, so dass Luzifer in der Hölle sich vor Vergnügen die Hände reibt (*Paradiso* XXVII 21–27).

Gegenüber der Hölle Augustins weist Dantes Inferno eine Neuerung auf: Während bei Augustinus die bösen Geister in der Hölle nur leiden, treten sie bei Dante auch als Peiniger der Verdammten auf. Mythologische Gestalten aus der Welt der alten Griechen und Römer gehören ebenfalls zu Dantes Personal der Hölle (Abb. 18). An ihren schlangengestaltigen Haaren sind jene wilden Frauengestalten zu erkennen, die der Römer Furien nennt; dazu kommen die Harpyien, widerliche Vögel mit Frauenköpfen. Als schlimmster Verbrecher, der schlimmsten Strafe würdig, gilt Judas, der Verräter Christi. Sein Peiniger ist Luzifer selbst. Bemerkenswert ist Dantes Wille, ein differenziertes Bild der Hölle zu entwerfen. Jeder erhält die seiner Schuld entsprechende Strafe – oder, im Falle der Heiden am Rand des Infernos, gar keine Strafe. Für Dante maßgebend ist das Prinzip der Gerechtigkeit.

**Vier Tage auf dem Berg der Läuterung (Purgatorio, Fegfeuer).** Nach der Wanderung durch die Hölle gelingt es dem von Ekel und Abscheu aufgewühlten Dichter und seinem Führer Vergil, die Hölle zu verlassen und wieder ans Tageslicht zu treten. Dies geschieht an jener anderen Seite der kugelgestaltigen Erde, die dem Hölleneingang genau gegenüberliegt. Dante befindet sich auf einer meerumspülten Insel. Ein Schiff aus Italien bringt die von einem Engel begleiteten Seelen der gerade Verstorbenen zur Insel. Auf dieser erhebt sich ein hoher, kegelförmiger Berg: der Berg der Läuterung – der Fegfeuerberg, auf dem sich die Reinigung der Seelen vollzieht. Wiederum wird der Ort genau beschrieben. Nach Durchschreiten der Läuterungspforte – dem Gegenstück zum Höllentor – gilt es, die sich spiralförmig nach oben windenden steilen Terrassen emporzusteigen. Die Siebenzahl der aufeinander folgenden Terrassen entspricht der Siebenzahl der Hauptsünden: Hochmut, Neid, Zorn, Trägheit, Geiz, Schlemmerei und Wollust. Dante selbst inszeniert sich als Büßer. Vor Eintritt durch die Pforte, die den Weg zum Läuterungsberg öffnet, zeichnet ein Wächterengel siebenmal den Buchstaben «P» auf Dantes Stirn – P für *peccato*, Sünde (*Purgatorio* IX 112). Von der siebenfachen Sünde muss sich der Pilger reinigen. Anders als in der Hölle werden die den Berg emporwandernden Büßer nicht von Teufeln gepeinigt, sondern leiden in ihrer Seele, nicht zuletzt, weil sie ihre Fehler einsehen. Doch auch physisches Leiden fehlt nicht ganz: So büßen etwa die Stolzen unter schwere Steine gebeugt, den Neidischen sind die Augen zugenäht, die Zornigen schreiten in dunklem Rauch, die Trägen beflügeln ihren Schritt. In den unteren Terrassen leiden die Büßer schwere Qual, doch können sie sich allmählich emporarbeiten, bis sich der Schmerz mindert und schließlich verliert.

Unter den Namen derer, denen Dante auf dem Läuterungsberg begegnet, ragen zwei hervor: Cato von Utica und Statius, beides Männer der römischen Geschichte. Anders als viele Heiden der Antike befinden sie sich nicht im Vorraum der Hölle. Kraft seines Verdienstes um den Widerstand gegen Caesars grausame Diktatur bewacht Cato (96–45 v. Chr.) den Läuterungsberg. Der römische Dichter Statius (40–95 n. Chr.), dem Dante eine heimliche Bekehrung zum Christentum zuschreibt, kann den Läuterungsberg emporklimmen.

Haben die Seelen ihre Vergehen abgebüßt, ist der Gipfel des Läuterungsberges erreicht. Dort liegt eine liebliche Parklandschaft mit Bäumen, Wiesen, Blumen und Flüssen – das irdische Paradies. Die nunmehr reinen Büßer dürfen den Ort betreten. (Er ist nicht mit dem himmlischen Paradies identisch, wie wir sehen werden.) Engel empfangen Dante mit einem Blumenregen. Dann, von Beben erfasst, begegnet er Beatrice, die ihn mit Namen begrüßt – das einzige Mal, dass Dantes Name in der *Commedia* fällt; sonst berichtet Dante von sich in der 1. Person («ich»). Beatrice, noch verschleiert, nimmt dem Pilger eine Art Beichte ab und lässt ihn aus dem Fluss des Vergessens trinken. Nach dieser Initiation enthüllt sie ihr Gesicht und lässt sich von dem überwältigten Pilger betrachten. Er sieht ihre «zweite Schönheit» (*Purgatorio* XXXI 138) – die erste war ihre irdische, die zweite ist ihre nun verklärte, himmlische Gestalt.

Das *Purgatorio* bildet das Herzstück der gesamten *Comme-*

*dia*, was sich bereits aus der Reisezeit ergibt, die Dante dafür ansetzt: vier Tage, während für die Hölle zwei Tage und für den Himmel nur ein einziger Tag vorgesehen sind. Dante inszeniert sich als Pionier: Vergil war ihm Führer in der Hölle, Beatrice und der heilige Bernhard werden ihn im Himmel begleiten; doch hier, im Fegfeuer, sind Vergil und Dante wirkliche Forscher, die unbekanntes Land erkunden. Noch niemand zuvor hatte den Läuterungsberg erklommen und davon Kunde gebracht. Im Christentum geht die Lehre von der postmortalen Reinigung auf den Kirchenvater Origenes im 3. Jahrhundert zurück. Theologische Beachtung hat sie erst im Hochmittelalter erlangt; Dantes Darstellung markiert ihre endgültige Ankunft in der christlichen Vorstellungswelt. Die Lehre vom Fegfeuer bildet die zentrale mittelalterliche Theologie der Hoffnung. Sie verheißt auch Sündern den Himmel; man muss nicht mehr ein Heiliger sein, um dort einen Platz zu erreichen. Man kann das *Purgatorio* als Dantes Evangelium bezeichnen, als seine gute Botschaft an die Zeitgenossen, denn hier eröffnet er ihnen, Sündern wie er selbst, den Weg zum Himmel. Er ruft jedem Gläubigen zu: Auch als Sünder bist du nicht verloren! Tröstlich ist nicht zuletzt die Vorstellung vom irdischen Paradies als Vorhimmel, wo man die durch Tod verlorenen Freunde wiedertrifft.

Anders als Hölle und Himmel gleicht das Fegfeuer der irdischen Welt. Hier kann Dante seine Leser am unmittelbarsten ansprechen und zur Gestaltung ihres Lebens und ihrer Welt anregen. Deshalb äußert Dante in diesem Teil auch seine politischen Ansichten. Er beklagt die Zwietracht unter den Städten Italiens, die Pflichtvergessenheit des Kaisers und die Misswirtschaft seiner Heimatstadt Florenz (*Purgatorio* VI). Sogar Unterhaltung gibt es hier: Als Dante den Musiker Casella trifft, lässt er sich von ihm ein Liebeslied vorsingen, das ihm, Dante, auf Erden viel bedeutet hat. Dennoch bleibt das *Purgatorio* der Raum der Reue, der Einsicht in eigene Fehler, der Umkehr.

**Ein Tag im Himmel (Paradiso).** Dantes Weltbild, identisch mit dem geozentrischen Weltbild des Ptolemäus, hat auch für den Himmel einen genau definierten Ort. Die Erde liegt im Mittelpunkt des Weltgebäudes. Die Erdkugel wird von ineinanderliegenden Sphären umschlossen wie von Zwiebelschalen. Die zuinnerst liegende, die Erde unmittelbar umschließende Sphäre trägt den Mond, dann kommen die Sphären von Merkur, Venus, Sonne, Mars, Jupiter und Saturn, es folgt der Fixsternhimmel (das Firmament mit daran befestigten Sternen) und eine weitere, das All umschließende Hülle, der Kristallhimmel. Jenseits des Kristalls befindet sich die Lichtwelt Gottes. Die *Commedia* verteilt die Seligen und deren Adel, die Heiligen, nach ihren Verdiensten auf diese Sphären, so dass sich das Bild eines in zehn Ränge gestuften Himmels ergibt, der teilweise unterhalb und teilweise oberhalb des Firmaments liegt.

Zusammen mit Beatrice schwebt der Dichter von Sphäre zu Sphäre, um unterwegs allerlei Himmelsbewohner zu treffen und von ihnen belehrt zu werden. So trifft er im Sonnenhimmel, dem Ort der Weisheit, den Theologen Thomas von Aquin, der ihm die großen Denker seiner Runde vorstellt – Albertus Magnus, Siger von Brabant und Bonaventura. Im Jupiterhimmel begegnet er dem trojanischen Helden Ripheus und dem römischen Kaiser Trajan (*Paradiso* XX). Ripheus erscheint in Vergils *Aeneis* (II 426–427) als «überaus gerechter Mann und treuester Hüter des Rechts», während nach einer Legende Trajan auf die Fürsprache von Papst Gregor aus der Hölle befreit worden ist. Offenbar will Dante seine Überzeugung von universalem Heil für die Gerechten unter den Heiden andeuten.

Beatrice führt Dante durch den Himmel und gibt verlässliche Antworten auf seine theologischen Fragen. Waren die Engel an der Erschaffung der Welt beteiligt? Nur die erste Materie, die Engel, den Himmel und das erste Menschenpaar hat Gott selbst erschaffen, klärt Beatrice den Besucher auf; die materiellen Dinge dagegen wurden von Engeln gebildet – ein kühner, neuplatonischer Philosophie entstammender Gedanke (*Paradiso* VII). Von welcher Art ist der Leib des Menschen im Himmel? Die Seligen werden einen vollkommenen Leib besitzen; frei von allen Fehlern, können sie höchste Lust empfinden (*Paradiso* XIV).

Schließlich geleitet Beatrice den Wanderer zu einem riesigen, an antike Rundtheater erinnernden Gebilde. Auf den tausend Stufen dieser aus Glanz und Licht geformten «Himmelsrose» verharren die Seligen. Die Rose ist nichts anderes als ein himmlischer Kirchenraum. Göttliches Licht fällt von oben auf die geöffnete Himmelsrose. Vermittelt wird der Eindruck einer bewegten, pulsierenden Lichtflut. Die im Lichtstrom fliegenden Engel verkehren, wie Dante andeutet, als Liebesboten zwischen Christus und den Seligen.

An dieser Stelle wird Dante von Beatrice verlassen. Ein Greis, der heilige Bernhard von Clairvaux, übernimmt die Führung. Er unterrichtet Dante über die Seligen, von denen jeder einen festen Platz innerhalb einer Hierarchie einnimmt. Angeführt werden sie von Maria, an deren Seite der Wanderer die Apostel Petrus und Johannes sowie Adam und Mose erkennt. An Adam richtet der Himmelspilger mehrere Fragen: Wie lange warst du im Paradies? – Sieben Stunden. Welche Sprache hast du dort gesprochen? – Sie existiert nicht mehr. Doch so sehr Dante seine Neugier befriedigt und sich staunend am Anblick der Seligen weidet, so wenig stellt die Galerie der Seligen das zentrale Erlebnis des himmlischen Paradieses dar. Erst durch die Schau Gottes selbst ist das Ziel von Dantes Reise erreicht.

Als der Dichter seine Augen zur Dreifaltigkeit erhebt, entschwindet sein letzter Führer, der heilige Bernhard, seinem Blickfeld. Gebannt, in unendlicher Einsamkeit, steht Dante vor dem dreieinigen Gott. Er schaut drei gleich große Lichtkreise unterschiedlicher Farbe – ein Hinweis auf die Dreieinigkeit. In einem der Lichtkreise erkennt Dante ein menschliches Gesicht: das Antlitz Christi. Mit der Gottesschau endet der Weg des Reisenden. Die Rückkehr in die irdische Wirklichkeit ist nicht mehr Gegenstand der *Göttlichen Komödie*.

Dem Programm der Heilsgeschichte entsprechend, strebt alles auf die himmlische Existenz zu. Schon im Diesseits hat der von Dante unterrichtete Gläubige ein Ziel – buchstäblich – vor Augen: die Schau des Antlitzes Christi. Ein zur Zeit Dantes oft gemaltes Andachtsbild zeigt das Haupt Christi in Frontalansicht (Abb. 19). Der Legende nach hat sich das wahre Antlitz Christi – *vera icon* oder *sancta facies* – auf jenem Schweißtuch

**Abb. 19 Antlitz Christi als mittelalterliches Andachtsbild.**
«Sein Haar ist von hellem Haselnussbraun, glatt bis fast an die Ohren, aber von den Ohren ab in gewellten Locken, die glänzend und leuchtend bis unter die Schultern herabfallen. … Er hat eine gerade und sehr ausgeglichene Stirn, das Gesicht ohne Falten und Flecken. … Der volle Bart ist von derselben Farbe wie das Haar, nicht sehr lang, am Kinn geteilt. Der Ausdruck schlicht und reif, die ausdrucksvollen Augen meeresgrün und hell» – so der apokryphe Lentulusbrief (um 1300, übersetzt nach J. N. Pérès). – Italienische Illumination, ca. 1293/1300.

abgebildet, das Veronika dem kreuztragenden Christus während der Passion reichte. Den Besitz des originalen Schweißtuchs beansprucht der Petersdom in Rom. Das als Reliquie geltende Bild wurde seit 1207 in einer Prozession vom Petersdom zum Hospital des Heiligen Geistes (Ospedale di Santo Spirito) geführt und auf diese Weise zur Schau gestellt. Der Ruf des Bildes reichte weit über Rom hinaus, und die Massenverbreitung von Darstellungen der *sancta facies* im Heiligen Jahr 1300 machte es zum bekanntesten Andachtsbild des späten Mittelalters. Bis ins 16. Jahrhundert erfreute sich die Darstellung großer Beliebtheit.

Das Wort von der Gottesschau entstammt einer Szene der Bibel: Mose, begleitet von Priestern und siebzig Ältesten des Volkes, besteigt den Berg Sinai; dort «schauten sie den Gott Israels»; sie durften «Gott schauen, und sie aßen und tranken» (Ex 24,9–11). Nach Auskunft der modernen Religionswissenschaft ergibt die Szene nur dann einen Sinn, wenn sich auf dem Berg ein Tempel mit einem Bild Gottes befindet, das den Besuchern erlaubt, Gott zu sehen. In der mittelalterlichen Theologie wird diese konkrete Gottesschau durch eine abstrakte Vorstellung ersetzt. Mit «Gottesschau» wird das Eintreten des Menschen in eine neue Art der Gottesbeziehung bezeichnet. Musste der Mensch bisher an den verborgenen Gott glauben, so darf er seine Gegenwart nun schauend unmittelbar erleben – und eben darin besteht sein ganzes, in alle Ewigkeit unverlierbares Glück. «Schauen» ist in diesem Zusammenhang ein bildlicher Ausdruck, zu umschreiben mit den Worten: überwältigende Erfahrung von Gottes liebender Nähe. Entsprechende Formulierungen finden sich bei Thomas von Aquin (1225–1274). Nach Thomas beruht die Seligkeit der Seligen ausschließlich auf der Gottesschau. «Der wesentliche Lohn des Menschen» im Himmel «besteht in der vollkommenen Vereinigung der Seele mit Gott, so dass er Gott in vollendeter Schau und Liebe vollkommen genießt» (Thomas, *Summe der Theologie*, Anhang 96,1). Dante kennt den Aquinaten und lässt ihn auch in seiner Dichtung auftreten, indem er ihm den vierten Himmel, den Sonnenhimmel, als Aufenthaltsort zuweist.

Dantes Ausführungen über den Himmel sind fest mit dem ptolemäischen Weltbild verknüpft, doch ist das geozentrische Weltbild dichterisch und zugleich theologisch ausgestaltet. Das himmlische Jenseits beginnt mit dem Mond und führt vom 1. Himmel (dem Mondhimmel) über acht weitere Himmel bis zu Gottes eigener Lichtwelt hinauf (Abb. 17, S. 85). Der 1. bis 8. Himmel liegt unterhalb der Lichtwelt Gottes; dort ist der gewöhnliche Aufenthaltsort der Seligen; in Gottes Lichtwelt können sie aufsteigen und Plätze in der «Himmelsrose» einnehmen, um sich dem göttlichen Licht auszusetzen. Hier ist die bereits bei Augustinus gemachte Unterscheidung zwischen der Welt der Seligen und der Welt Gottes räumlich aufgefasst und damit anschaulich gemacht. Auf diese Weise entsteht eine Einheit von Kosmologie und Theologie – ein herausragendes Merkmal mittelalterlicher Kultur. Dante versieht diese Einheit mit einem theozentrischen Akzent: Gegenüber der Gottesschau kommt den Seligen als menschliche Gemeinschaft fast keine Bedeutung zu. Durch die Einführung der Gestalt der Beatrice macht sich zwar der Wunsch nach menschlicher Gemeinschaft im Jenseits bemerkbar, aber letztlich dominiert die Beziehung zu Gott. Das Leben, das die Seligen auf den acht Kreisen des Himmels (den acht Himmeln) führen, wird weder bedacht noch ausgemalt.

## 3 Swedenborgs visionäre Erkundung des Jenseits

Emanuel Swedenborg (1688–1772), geboren in Stockholm, gestorben in London, verlässt im Jahr 1747 nach langer Tätigkeit als Ingenieur und Naturwissenschaftler den schwedischen Staatsdienst, um sich dem Studium der Bibel und der religiösen Schriftstellerei zu widmen. Sein Interesse gilt dem Jenseits, das er genau zu erforschen sucht. Zugang zum Jenseits verschafft er sich durch eine besondere Meditationstechnik. Durch Verringern der Atmung hört er Stimmen, glaubt mit Engeln zu verkehren und von ihnen vielfältigen Aufschluss über ihr Leben und die Geographie des Jenseits zu erhalten. Aus seinen sorgfältig geführten Tagebüchern schöpft er Material für eine systematische Beschreibung der jenseitigen Welt – *Der Himmel und seine Wunder, und die Hölle, nach Gehörtem und Geschautem*. 1758 in lateinischer Sprache veröffentlicht und gewöhnlich als *Himmel und Hölle* zitiert, wird das Werk zu Swedenborgs meistgelesenem Buch. Die erste deutsche Übersetzung erschien 1775.

Anders als der Titel des Buches erwarten lässt, enthält es nur wenige Berichte über Swedenborgs Jenseitskontakte. Eine entsprechende Mitteilung lautet:

> Sooft ich mit den Engeln von Angesicht zu Angesicht sprach, war ich auch bei ihnen in ihren Wohnungen. Diese aber sind ganz so wie unsere Häuser, nur schöner. Es gibt dort Säle, Zimmer und Schlafgemächer in großer Zahl, Höfe, ringsumher Gärten, Gebüsch und Felder. Wo Engel beisammen leben, stoßen ihre Wohnungen aneinander und bilden zusammen eine Stadt mit Straßen, Gassen und Plätzen, ganz wie die Städte auf der Erde. Es wurde mir auch gestattet, sie zu durchqueren, mich überall umzusehen und gelegentlich die Häuser zu betreten. Dies geschah in wachem Zustand, wobei mir das innere Sehen gewährt wurde.
>
> Swedenborg, *Himmel und Hölle*, Nr. 184 (nach Tafel)

Ausführlicher als solche Hinweise auf persönliche Erfahrung fällt die Beschreibung der jenseitigen Welten aus. Was Swedenborg beschreibt, lässt sich mit einer Zeichnung veranschaulichen (Abb. 20). Im Zentrum steht die materielle Welt, in der wir leben. Sie besteht aus der Erde und einer Anzahl von Planeten; nach der Auffassung Swedenborgs und vieler Zeitgenossen bildet die Erde nicht den einzigen bewohnten Planeten im Weltall. Umgeben wird die Welt vom Kosmos der Geister (*mundus spirituum*). Was für Wesen sind die Geister? Swedenborg gibt eine klare Antwort: Es handelt sich um Menschen, die, durch den Tod ins Jenseits versetzt, nun als Geister fortleben. Die Geisterwelt ist nicht die ewige Heimat der Verstorbenen, sondern lediglich ein vorübergehender Aufenthaltsort. Unmittelbar nach dem Tod befinden sich die Verstorbenen in der Gesellschaft anderer, treffen mit Verwandten, Freunden, Eltern und Kindern zusammen. Eine entsprechende künstlerische Darstellung schuf William Blake (Abb. 21, Umschlaginnenseite hinten). Doch diese dem irdischen Leben ähnliche Situation wird alsbald durch eine längere Zeit einsamer Selbstfindung abgelöst. Swedenborg beschreibt diese als Zeit der Reifung. In der Geisterwelt stellt sich der wahre Charakter jedes Menschen dadurch heraus, dass er im Guten oder im Bösen ausreift und so die für Himmel oder Hölle passende seelische Gestalt erhält. Die Welt der Geister bildet gleichsam einen Warteraum oder ein Vorzimmer mit zwei Ausgängen – einen zum Himmel und einen zur Hölle.

Der mehrfach gestufte Himmel, ein angenehmer Ort, bildet den Lebensraum der Engel, das heißt: der verstorbenen guten Menschen. «Der Mensch ist geschaffen, damit er in den Himmel komme und zum Engel werde.» (*Himmel und Hölle*, Nr. 57) Swedenborgs Himmelsporträt fällt wie folgt aus: Die Umgebung hat vorwiegend urbanen Charakter, ausgestattet mit angenehmen Parks und Gärten. Die Engel leben in Gesellschaft, wobei der ehelichen – auch erotischen – Gemeinschaft von männlichen und weiblichen Engeln grundlegende Bedeutung zukommt. Die Verständigung der Himmelsbewohner vollzieht sich in einer einheitlichen Sprache. Jeder Engel geht einer beruflichen Tätigkeit nach. Genannt werden (unter anderem) die Er-

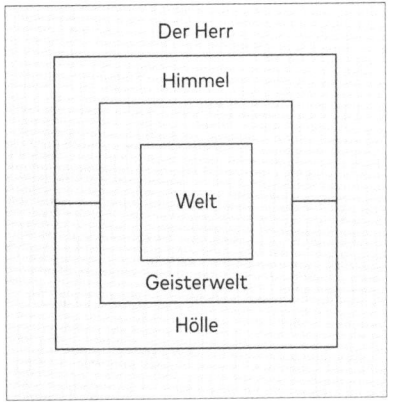

**Abb. 20 Das Universum nach Swedenborg.**
Die im Zentrum liegenden bewohnten Planeten sind von geistigen Welten – Geisterwelt, Himmel und Hölle – umgeben. Gott der Herr (Dominus), der alles umschließt, wird – mit dem Philosophen Nicole Malebranche (1638–1715) – als «Ort» der geistigen Welten aufgefasst, so dass man von Panentheismus spricht.

ziehung im Säuglingsalter verstorbener Kinder; die Instruktion von jüngst verstorbenen Erwachsenen in der Geisterwelt; das Einwirken auf Menschen in unserer Welt als Schutzengel; die Abwehr von Eindringlingen aus der Hölle.

Grundsätzlich gilt: Nicht durch Gott wird man in die Hölle geschickt; vielmehr entscheidet darüber die eigene schlechte Persönlichkeit, die, bereits im Leben angelegt, sich nach dem Tod in der Geisterwelt in voller Deutlichkeit zeigt. Natürlich gibt es Strafen in der Hölle:

> Die Strafen dort sind vielfacher Art, gelinder oder härter, je nach den bösen Taten. Meist werden besonders Bösartige über andere gesetzt, denen sie an Schlauheit und Kunstgriffen überlegen sind. Sie können die anderen durch Bestrafungen und den daher rührenden Schrecken in Gehorsam und Knechtschaft halten. Diese «Vorgesetzten» wagen es jedoch nicht, die ihnen vorgezeichneten Grenzen zu überschreiten. Man muss dies wissen: Das einzige Mittel, Gewalttätigkeiten und Wutausbrüche derer, die in den Höllen wohnen, zu zähmen, ist die Furcht vor Strafe. Es gibt kein anderes Mittel.
>
> Swedenborg, *Himmel und Hölle*, Nr. 544 (Tafel)

«Die höllische Rotte», erklärt Swedenborg weiter, «wünscht und liebt nichts mehr, als Böses zu tun, besonders gern auch

Strafen zu verhängen und andere zu quälen.» (*Himmel und Hölle*, Nr. 550)

Gibt es einen Teufel, der über die Hölle gesetzt ist? Swedenborg verneint die Frage. Alle Höllenbewohner sind frühere Menschen. Es gibt keinen Teufel. Doch die Höllenbewohner sehen alle aus wie Teufel: Ihre leblosen Gesichter, oft durch Blattern, Beulen und Geschwüre entstellt, leuchten wie Feuerglut. «Bei vielen ist kein Gesicht zu sehen, sondern stattdessen etwas Struppiges und Knöchernes. Bei einigen zeigen sich bloß Zähne. Auch ihre Leiber sind missgestaltet.» (*Himmel und Hölle*, Nr. 553) Solche Schreckensgestalt nehmen die Höllenbewohner jedoch nur an, wenn Licht vom Himmel in die Hölle fällt und den wahren Charakter jedes Einzelnen offenbart. Im höllischen Alltag erscheint jeder als gewöhnlicher Mensch. Anders gesagt: In jedem Höllenbewohner steckt als dessen wahrer Kern ein scheußliches, missgestaltetes Wesen.

Wie in der Grafik (Abb. 20, S. 97) zu sehen, wird das ganze Universum von Gott (*Dominus*) getragen und umgriffen. Die Bezeichnung *Dominus* – der Herr – für Gott verrät Swedenborgs besondere Gottesauffassung. Anders als in der christlichen Tradition gibt es nach Swedenborg keine trinitarische, aus Vater, Sohn und Heiligem Geist bestehende komplexe Gottheit; es gibt nur ein einziges, *Dominus* genanntes göttliches Prinzip. Durch dieses Prinzip gewinnt alles Leben seine Existenz und seinen Halt. In allen Bereichen des Jenseits – Geisterwelt, Himmel und Hölle – sind die Menschen gewöhnlich unter sich. Gott erscheint im Himmel zumeist als Sonnen- und Mondlicht. Doch er kann sich auch in menschlicher Gestalt zeigen: «Wenn der Herr im Himmel erscheint, was oft geschieht», dann in menschlicher Gestalt, von den Menschen unterschieden «durch das aus seinem Antlitz leuchtende Göttliche» (*Himmel und Hölle*, Nr. 121). Swedenborg bekennt, eine solche Begegnung mit Gott selbst erlebt zu haben. Seine Schilderung des jenseitigen Lebens handelt jedoch fast ausschließlich von Leben und Tätigkeit der Seligen und Verdammten. Gott erscheint als wichtige, doch in der Beschreibung marginale Gestalt, so dass von einem anthropozentrischen Jenseits gesprochen werden kann.

Neben der Anthropozentrik ist ein zweites, ebenso auffälliges Merkmal zu nennen: die barocke Ausführlichkeit von Swedenborgs Schilderung, die weit über das Detail hinausgeht, um das sich bereits Dante müht, während sich Augustinus um keine Einzelheiten kümmert. Den Willen zum Detail teilt Swedenborg mit der vielgelesenen Romanliteratur des 18. Jahrhunderts, man denke nur an damalige Bestseller wie Rousseaus *Neue Eloïse* und Richardsons *Clarissa*. Eine Vorstellung der Wirklichkeit im Roman wird erzeugt, wie Goethe in Bezug auf solche Romane schreibt, «durch das genauste Detail, durch unendliche Einzelheiten, die lebendig alle den Charakter des Ganzen tragen» (*Dichtung und Wahrheit*, 6. Buch).

Swedenborg entwirft ein revidiertes christliches Weltbild. Die Abweichungen von traditionellen christlichen Positionen sind ohne weiteres zu erkennen: An die Stelle der Trinität tritt bei Swedenborg der eine Gott; ein die Geschichte abschließendes Jüngstes Gericht wird nicht erwartet; es gibt nur *eine* Art von Geschöpf – den im Jenseits als Engel oder Teufel weiterlebenden Menschen, nicht jedoch den traditionellen, nach christlicher Überlieferung aus einem eigenen göttlichen Schöpfungsakt hervorgegangenen Engel. Swedenborgs vereinfachtes christliches Weltbild musste den Zeitgenossen als modern und aufgeschlossen erscheinen. Das belegt das *Gentleman's Magazine*, die damals führende Londoner Intellektuellenzeitschrift, in ihrer Besprechung der ersten englischen Übersetzung von *Himmel und Hölle* als *A Treatise Concerning Heaven and Hell* (1778). Dort heißt es: «Aufs Ganze gesehen können wir feststellen: Wie immer das Publikum den visionären Bestandteil des Werks einschätzen mag, die Lehre als solche ist unangreifbar.» Wie Swedenborg zu seinen Lehren kommt, war dem Berichterstatter nicht ganz geheuer; doch was Swedenborg lehrte, galt als rational, anziehend, den Zeitgenossen verständlich und traditionellen christlichen Anschauungen überlegen.

Tatsächlich haben sich viele Leser, vor allem solche mit romantischer Neigung, für Swedenborgs Jenseits begeistert. Wer die schöne kleine Erzählung *Ein Weihnachtslied* (*A Christmas Carol*, 1843) von Charles Dickens kennt, wird dort auf Schritt und Tritt sehen, dass sie nur von einem aufmerksamen Leser von *Himmel und Hölle* geschrieben werden konnte. Ebenezer Scrooge, Geschäftsmann und Held der Geschichte, begegnet im Traum seinem verstorbenen, wie er selbst geizigen und geldgierigen Geschäftspartner Jacob Marley. Doch wie sieht Marley aus! Und wie er leidet! Eine jammervolle Gestalt, entstellt und in der Bewegung behindert. Die Symbole seines Geizes und seiner Habsucht muss er mit sich herumschleppen: gleich mehrere Geldkassetten, einen Schlüsselbund, Vorhängeschlösser, Geschäftsbücher, Vertragspapiere und prall volle Geldbörsen mit Bügeln aus Stahl, alles aufgereiht an einer Kette und festgeschmiedet an Marleys Handgelenk – ein treffliches Beispiel für den Zustand der Verdammten in Swedenborgs Hölle.

Den enormen Einfluss von *Himmel und Hölle* belegt auch die philosophische Kritik an Swedenborgs Jenseits. Als Immanuel Kant seine Kritik an christlichen Jenseitsvorstellungen formulierte, schrieb er über Swedenborg: *Träume eines Geistersehers, erläutert durch Träume der Metaphysik* (1766). Mit der Kritik an der rationalsten Gestalt der Jenseitslehre will Kant den gesamten christlichen Jenseitsglauben treffen. Das Thema hat ihn auch später nicht losgelassen. Sein berühmtes Ergebnis lautet: Es muss ein Jenseits geben, auch wenn wir nichts über das menschliche Leben in der jenseitigen Welt in Erfahrung bringen können. Kants Gedankengut hat manche Theologen überzeugt. Als größer und dauerhafter sollte sich Swedenborgs Einfluss erweisen, denn ohne seinen Namen zu kennen stellen sich noch heute viele das Fortleben des Menschen nach dem Tod als ein Leben in einer nichtmateriellen Welt vor.

Swedenborgs Erbe pflegt heute eine Gemeinschaft, die sich die Neue Kirche nennt. In Kreisen der Esoteriker gilt der schwedische Visionär als Begründer und Vorbild des *channeling*, der bewussten und erfolgreichen, wenngleich nur wenigen möglichen Kontaktaufnahme mit Geistern im Jenseits.

## 4 Theologie, Poesie und Naturwissenschaft

Die drei Jenseitsschilderungen – von Augustinus, Dante und Swedenborg – laden zum Vergleich und zur kulturhistorischen Analyse ein. Geprägt sind die Jenseitsbilder von drei irdischen Kulturen: der theologischen, der poetischen und der naturwissenschaftlichen.

Zuerst zur theologischen Kultur! Im 4. Jahrhundert, an dessen Ende Augustinus steht, verfügt das Christentum bereits über einen festen Lehrbestand – Dogmen (Lehrsätze), die das Christentum bis in die Gegenwart prägen. Die Pflege des Lehrbestandes obliegt einer eigenen, vom Christentum geschaffenen Wissenschaft: der Theologie. Sie soll die Lehre genau fixieren, gegen Einwände verteidigen und, wenn möglich, unser Wissen erweitern. Dabei stützen sich die theologischen Denker auf Bibel und Vernunft. So auch beim Thema Jenseits. Augustinus bedient sich der Bibel und der Vernunft, folgt jedoch stets der Bibel, wie er sie verstehen kann. Swedenborg bricht mit dieser Methode, indem er sich auf eigene Jenseitsforschung beruft, die für ihn allerdings mit Vernunft und Bibel in Einklang steht. Der Jenseitskontakt ermöglicht ihm, auf bisher ungeahnte Weise das Wissen über die jenseitigen Verhältnisse zu erweitern.

Mit Dante stehen wir am Höhepunkt der poetischen Kultur des Mittelalters. In Theologie gut beschlagen, kennt Dante die Werke von Scholastikern wie Thomas von Aquin. Für die poetische Darstellung des Jenseits reicht die theologische Tradition nicht aus; sie muss mithilfe antiker Quellen wie Vergils *Aeneis* und durch die Phantasie erweitert werden, was dem Dichter überall gelingt. Dem Kern theologischer Jenseitsdogmatik am nächsten kommt Dante im letzten Teil seiner Dichtung, dem *Paradiso*, wo er die Schau Gottes der Seligen beschreibt. In einem seiner Briefe – dem Brief an seinen Patron Cangrande della Scala – äußert er sich über den Sinn seiner Dichtung und insbesondere über das *Paradiso*. Es gehe ihm nicht um die Vermittlung von Jenseitswissen; vielmehr wolle er «die Lebenden in diesem Leben aus dem Zustand des Elends herausholen und sie zum Zustand des Glücks führen» (*Brief an Cangrande* 39). Damit bezeichnet Dante sein Werk als Erbauungsschrift. Als solche soll sie die Leser von sündigen zu frommen und dadurch glücklichen Menschen machen.

Das Verhältnis der drei Autoren zur Naturwissenschaft ist ebenso unterschiedlich wie die Funktion, die sie naturwissenschaftlicher Erkenntnis über den Aufbau des Weltalls für ihre Jenseitsschilderung zuerkennen. Augustinus bekennt seine Ignoranz gegenüber naturwissenschaftlicher Forschung; für ihn hat weder die biblische Sicht von einer flachen Erde noch die in seiner Zeit von den Gebildeten vertretene geozentrische Kosmologie eine Bedeutung. Dagegen verbindet Dante seine Darstellung eng mit dem geozentrischen Weltmodell. Er unterscheidet drei Bereiche des Universums, das insgesamt Kugelgestalt hat. Im Innern der Kugel liegt der Erdball und die sublunare Welt, die Welt unterhalb des Mondes und seiner Bahn um die Erde. Darüber wölbt sich der Bereich zwischen Mond und Firmament, von ihm als die Welt der Seligen aufgefasst. Darüber, jenseits des Firmaments und der im Firmament verankerten Fixsterne, liegt die Lichtwelt Gottes (Empyreum). Alle drei Bereiche werden räumlich und materiell gedacht. Fünfhundert Jahre nach Dante ist das geozentrische Weltbild obsolet. Als Naturwissenschaftler denkt sich Swedenborg unsere Welt heliozentrisch (die Erde bewegt sich um die Sonne), gleichzeitig rechnet er mit der Existenz vieler Sonnensysteme und bewohnter Erdkörper im Weltall. Doch für seine Jenseitsbeschreibung hat Swedenborgs Kosmologie keine Bedeutung, denn er unterscheidet die materielle Welt der Sonnen und Erdkörper von den rein geistigen Jenseitswelten. Mit der Unterscheidung zwischen Körper und Geist folgt Swedenborg wie viele seiner Zeitgenossen der Philosophie von René Descartes (1596–1650).

Von den drei Autoren scheint sich nur Dante über die Grenzen seines Jenseitswissens im Klaren gewesen zu sein. Das von ihm frei Erdichtete braucht nicht wörtlich geglaubt zu werden. Der sokratische Vorbehalt, den wir bei Platon kennengelernt haben (siehe Kapitel I.3), ist Augustinus und Swedenborg fremd. Sie kümmern sich wenig um die Grenzen des Wissens. Diese Schwäche nicht nur ihrer Theologie, sondern der christlichen

Theologie insgesamt führt zum größten Ereignis in der Geschichte der Jenseitswelten – zum Abschied vom Jenseits in moderner Philosophie und Theologie.

## V Abschied vom Jenseits?

Im 18. Jahrhundert endet in Europa das lange Zeitalter des Glaubens, das in der Spätantike mit der Etablierung des Christentums als offizielle Religion des Römischen Reiches begonnen und im christlichen und islamischen Mittelalter seinen Höhepunkt gefunden hatte. Zuerst sagen sich einige Intellektuelle vom traditionellen Kirchen- und Gottesglauben los. Sie fühlen sich als «erleuchtete» Elite, der eine unaufgeklärte Mehrheit der Gesellschaft gegenübersteht. Später, seit dem 19. Jahrhundert, verbreitet sich das Gedankengut der Aufklärung im Bürgertum und erreicht bald alle Schichten der Gesellschaft. Rückblickend charakterisiert Martin Heidegger (1884–1976) den Wandel als «Wesenszerfall des Übersinnlichen».

Um 1800, als der Zerfall des Übersinnlichen als kulturelle Erscheinung bereits deutlich hervortritt, erhält die übersinnliche Welt einen neuen Namen: «das Jenseits». Neben dieses neugebildete Wort tritt als weitere sprachliche Neubildung «das Diesseits». In seiner *Phänomenologie des Geistes* (1807) stellt der Philosoph Georg Wilhelm Friedrich Hegel die sinnliche der übersinnlichen Welt gegenüber und bezeichnet erstere als Diesseits, letztere als Jenseits. Das Wortpaar setzt sich rasch durch und wird oft gebraucht, zum Beispiel von Ludwig Feuerbach (1804–1842). Nach Feuerbachs *Wesen des Christentums* (1841) bildet die Aufspaltung der Welt in Diesseits und Jenseits die Grundlage und gleichzeitig den Grundfehler aller Religion. In Wirklichkeit gibt es nur eine Welt, das Diesseits; das Jenseits aber ist eine von krankhafter Phantasie imaginierte Welt. Alles, was gesund und kräftig sei, habe der Gläubige in den Himmel projiziert, für sich selbst jedoch nur das Unzureichende zurückbehalten. Nun gelte es, das ans Jenseits Verlorene wieder ins Diesseits zurückzuholen und damit den kranken Menschen zu heilen. Das Zurückholen ist nur durch eine große «anthropologische Wende» im Denken zu erreichen, einer Abwendung vom Jenseits und von Gott, zu vollziehen als entschiedene Hinwendung zum Diesseits und zum Menschen. Diesem Programm sind drei prominente Philosophien verpflichtet: Naturalismus, Pantheismus und Existenzialismus.

## 1 Der Siegeszug des Naturalismus

Hatte die religiöse Überlieferung die Welt um das Jenseits erweitert, so nimmt der Naturalismus diese Erweiterung zurück. Es existieren nicht zwei Welten, Diesseits und Jenseits. Es gibt nur eine einzige Welt – jene, die früher das Diesseits ausmachte. In der Diesseitswelt gibt es weder eine den Tod überdauernde Seele noch einen Gott. Das ist das Ergebnis eines umfassenden geistesgeschichtlichen Paradigmenwechsels, an dem besonders Naturwissenschaftler Anteil haben. Für den Naturalismus sind Jenseitsvorstellungen veraltet, empirisch nicht beweisbar und daher für das wissenschaftliche Denken schädlich. Heute setzen alle an Universitäten gelehrten Fächer, seien sie Geistes- oder Naturwissenschaften, den Naturalismus voraus. Schon in den Schulfächern Biologie, Physik und Chemie kommen junge Menschen mit dem Naturalismus in Berührung und kennen dessen Grundlagen.

Ein Kernthema des Naturalismus war und ist die Ablehnung der alten Lehre von der Seele, die im Jenseits weiterlebt.

Bereits im 18. Jahrhundert bekennen sich Physiker, Chemiker und Ärzte zunehmend zum Naturalismus. Seelische Vorgänge führen sie auf solche des menschlichen Körpers zurück und leugnen die Existenz einer vom Körper verschiedenen und dessen Tod überlebenden Seele. Das entsprechende Gedankengut fasste der französische Arzt Julien Offray de Lamettrie (1709–1751) in seinem Buch *L'Homme machine* (1748, Der Mensch als Maschine) zusammen. Das Buch löste einen Skandal aus. Der Autor floh aus Holland an den Hof Friedrichs des Großen

(1712–1786), wo er Aufnahme fand. Mit der Medizin seiner Zeit ebenso vertraut wie vom Gedankengut der französischen Aufklärung beeindruckt, entfernte sich der preußische König zunehmend vom reformierten Glauben seiner Familie. In einem Gespräch mit seinem Vertrauten Henri de Catt zeigt sich, dass der Gesprächspartner an die Unsterblichkeit glaubt, nicht jedoch der Monarch: «Wie aber, mein Freund, können Sie daran glauben?», fragt der König. «Sehen Sie denn nicht: Die Seele ist nur ein Produkt des Körpers (*une modification du corps*). Also ist es widersinnig, zu behaupten, sie könne allein fortbestehen, nachdem der Körper gestorben ist. Beide sind so eng miteinander verknüpft, dass sie ohne einander nicht bestehen können.» Das in französischer Sprache geführte Gespräch fand am 10. Juni 1758 statt.

Friedrich der Große schöpfte seine naturalistischen Überzeugungen weniger aus gelehrten Werken wie dem Lamettries, sondern aus der antiken materialistischen Philosophie des Lukrez, niedergelegt in dessen Buch *Über die Natur der Dinge* (siehe Kapitel I.2). Der König «las alle Tage morgens und nachmittags seinen geliebten Lukrez», verrät Henri de Catt in seinem Tagebucheintrag vom 27. bis 31. August 1758. Mit der Lektüre suchte sich Friedrich von der Todesfurcht zu befreien, ist der Tod nach Lukrez doch nichts anderes als der Zerfall von Körper und Seele. Nichts überdauert den Tod, es gibt keine ungewisse Existenz im Jenseits. Es gibt kein Jenseits.

Damals war aufgeklärtes Gedankengut dieser Art noch auf wenige Gebildete beschränkt. Es sollte noch ein Jahrhundert vergehen, bevor es weite Kreise erreichte.

Seit der Mitte des 19. Jahrhunderts beruht die deutsche Naturwissenschaft auf materialistischer Grundlage. Im Jahr 1847 kann Carl Vogt schreiben: «Eine Seele anzunehmen, die sich des Gehirnes bedient, mit dem sie arbeiten kann, wie es ihr gefällt, ist reiner Unsinn.» (*Physiologische Briefe für Gebildete*, 1847, 12. Brief) In Göttingen findet im Jahr 1854 ein Kongress deutscher Naturwissenschaftler statt. In einem der Hauptvorträge spricht der Mediziner Rudolph Wagner (1805–1864) über «Menschenschöpfung und Seelensubstanz», wobei er sich zu einer traditionellen Sicht des Menschen bekennt. Der Mensch gilt ihm als ein Wesen, das mit einer der naturwissenschaftlichen Betrachtung entzogenen Seelensubstanz versehen ist. Wagner muss sich herbe Kritik gefallen lassen. Sein Vortrag erscheint den Zuhörern als anachronistisch und mit der gängigen Auffassung der rationalen Naturwissenschaft unvereinbar. Die nachfolgende publizistische Kontroverse – der «Materialismusstreit» – offenbart den Sieg des Naturalismus. Es gibt keine immaterielle Seele – und deshalb auch kein Jenseits, wo sie fortleben könnte.

Zuzeiten haben Naturalisten ihren Standpunkt im Protest gegen kirchlichen Glauben in eindringlich formulierter Propaganda verbreitet. So Friedrich Nietzsche in *Also sprach Zarathustra* (1883): «Ich beschwöre euch, meine Brüder, bleibt der Erde treu und glaubt denen nicht, welche euch von überirdischen Hoffnungen reden! Giftmischer sind es, ob sie es wissen oder nicht!» Ähnlich Bertolt Brecht in seinem Lehrgedicht «Gegen Verführung» (1925):

> Lasst euch nicht verführen!
> Es gibt keine Wiederkehr. ...
> Was kann euch Angst noch rühren?
> Ihr sterbt mit allen Tieren
> Und es kommt nichts nachher.

Während religiöse Denker und Theologen dem Naturalismus traditionell skeptisch gegenüberstehen, trifft das im 20. Jahrhundert nicht mehr uneingeschränkt zu. Leo Tolstoi (1828–1910), Martin Buber (1878–1960) und Dorothee Sölle (1929–2003) glauben nicht an ein Leben nach dem Tod. In ihren Memoiren schreibt Sölle: «Die individuelle geistige, seelische und körperliche Existenz endet mit dem Tod.» Der Sterbende fällt wie ein Blatt vom Baum und vermodert, «doch dann wächst der Baum weiter, und das Gras wächst, und die Vögel singen, und ich bin ein Teil dieses Ganzen. Ich bin zu Hause in diesem Kosmos» – im Diesseits, das nicht durch ein Jenseits erweitert wird. «Ich bin endlich, ich werde sterben, ohne darüber verzweifeln zu müssen.» Sölle bekennt: «Wenn ich auf Friedhöfen das Schild ‹Auf Wiedersehn› wahrnehme, kommt mir das verlogen vor.» Vielleicht nicht gerade verlogen, eher falsch und sentimental.

Vom naturalistischen Standpunkt aus betrachtet ist die Erwartung eines Wiedersehens im Himmel einem veralteten Denken verpflichtet, das heute keine Geltung mehr beanspruchen kann. Der Naturalismus lehnt die Annahme von Jenseitswelten mit unerbittlicher, keinen Kompromiss zulassender Konsequenz ab. Das unterscheidet ihn vom Pantheismus, der, wenn er sich vom Jenseits verabschiedet, alte Glaubensvorstellungen umdeutet.

## 2 Natur und Gott im Pantheismus

Gewöhnlich wurde Gott als eine Person gesehen, die, von der geschaffenen Welt getrennt, jenseits von ihr lebt und herrscht. Dagegen setzt der niederländische Philosoph Baruch de Spinoza (1632–1677): Gott und Welt sind nicht getrennt, sondern sind dasselbe; das Universum, auch Natur genannt, ist mit Gott identisch. Die Formel für diese Gleichsetzung lautet *deus sive natura* – statt Gott lässt sich auch Natur sagen. «Jenes ewige und unendliche Wesen, das wir Gott oder die Natur nennen», ist für ihn der Seinsgrund aller Dinge (Spinoza, *Ethik*, Teil 4, Vorrede). So ist Gott der Welt gegenüber nicht transzendent, sondern immanent; als die innere, schöpferische Kraft wirkt er in der Natur (oder als die Natur). Spinoza versteht dabei Gott nicht als Persönlichkeit, sondern als unpersönliche Macht. Gottes Handeln fällt mit dem selbsttätigen Wirken der Natur zusammen; in diesem Sinne spricht er von *natura naturans*, der «natürlich wirkenden Natur» (*Ethik*, Teil 1, Satz 29). Gewöhnlich wird diese philosophische Lehre mit einem Kunstwort als Pantheismus bezeichnet; «das Ganze» (*pan*) ist «Gott» (*theos*).

Während Spinozas Pantheismus während des 17. und 18. Jahrhunderts nur von wenigen Philosophen unterstützt wird, gewinnt er seit dem ausgehenden 18. Jahrhundert bei Denkern und Literaten wie Lessing und Goethe und bald auch in der neu aufblühenden Naturwissenschaft viele Anhänger. Naturwissenschaftler können sich zu Gottes Existenz bekennen, doch Gott denken sie als mit der Natur identisch. Daher sei die Natur zu verehren. Eine glühende, begeisterte Naturliebe beseelt Ernst Haeckel (1834–1919), einen der führenden Biologen seiner Zeit. Dem Menschen sei das Glück geschenkt, «im Diesseits die Herrlichkeiten dieses Planeten zu genießen, die unerschöpfliche Fülle seiner Schönheit zu schauen und die wunderbaren Spiele seiner Naturkräfte zu erkennen», verkündet sein populärer Bestseller *Die Welträtsel* (1899). Nicht im Raum geschlossener Kirchenräume soll der moderne Mensch Erbauung suchen, meint Haeckel, sondern in der Begegnung mit der vielfältigen und erhabenen Schönheit der Natur. Haeckel, empfänglich für ästhetische Werte, fordert die Ausbildung aller Schüler im Zeichnen und Aquarellieren von Pflanzen und Tieren – Tätigkeiten, die er selbst mit Leidenschaft betreibt.

Gott existiert also, doch nicht im Jenseits. Im Diesseits – unserer Welt – nicht nur präsent, ist er mit unserer Welt identisch. Einen Teil der diesseitigen Welt bildet auch die menschliche Seele. Wie steht es mit der Unsterblichkeit, die der Seele von der Tradition zugeschrieben wird?

Das vormoderne Denken stellt Mensch und Gott einander gegenüber. Geschöpf und Schöpfer trennt ein Abgrund, zwischen beiden besteht ein unendlicher Rangunterschied. Nach Spinoza ist eine solche Betrachtungsweise unangemessen. Alle Dinge, einschließlich des Menschen, sind Teile des Universums und damit auch Teile Gottes. Das bedeutet aber: Dem Menschen kommt kein eigenes, vom Universum unterscheidbares Sein zu. In der Sprache Spinozas: Dem Menschen eignet keine eigene Substantialität, denn es gibt nur eine einzige Substanz – die Substanz Gottes. Wie alle Dinge sind auch die Menschen endliche, innerhalb der Substanz liegende Erscheinungsformen (*modi*). Die Substanz ist nicht einförmig, sondern differenziert und strukturiert. Als eine solche Struktur bleibt der Mensch immer mit seinem natürlichen Grund, der göttlichen Substanz, verbunden und kann Liebe zu Gott und Lust an Gott empfinden. Tatsächlich ist für Spinoza solche geistige Liebe (*amor dei intellec-*

*tualis*) die höchste dem Menschen mögliche Leistung (*Ethik*, Teil 5, Sätze 16, 20 und 32).

Traditionell wird dem Menschen eine mit Individualität und Persönlichkeit ausgestattete *unsterbliche Seele* zugeschrieben. Spinoza dagegen vertritt die radikale Endlichkeit aller *modi* – aller Erscheinungsformen oder Strukturen innerhalb der Substanz. Mit dem Tod löst sich der einzelne Mensch auf und kehrt in den Schoß der undifferenzierten Substanz – das heißt: der Natur – zurück. Es gibt keine individuelle Unsterblichkeit, weil es keine individuelle Seele gibt. Da aber die Substanz als solche ewig ist, kann nichts verloren gehen und ins Nichts fallen.

Nun findet sich bei Spinoza auch der Satz: «Die menschliche Seele kann mit dem Körper nicht völlig zerstört werden, sondern es bleibt von ihr etwas bestehen, das ewig ist.» (*Ethik*, Teil 5, Satz 23) Die genaue Bedeutung des Satzes ist umstritten. Nach einer Auslegung will Spinoza sagen: Soweit ein Mensch höhere Erkenntnisse gewonnen hat, bleiben diese ewig im Bewusstsein Gottes erhalten. Wahrscheinlicher ist eine andere Deutung: Der ewige Bestandteil der Seele ist ein Muster oder Modell des Menschen, und dieses bleibt bestehen; die Natur kann auf das Muster als Bauplan zurückgreifen und nochmals einen Menschen derselben Art hervorbringen, so dass sich eine Palingenese, eine «Wiederkunft» desselben ergibt. Stimmt diese Deutung, dann ließe sich sagen: Nicht der einzelne Mensch ist unsterblich, sondern der Typ, den ein einzelner Mensch verkörpert.

Spinozas Gedankengut wird im 19. und 20. Jahrhundert wiederholt von Philosophen aufgegriffen, so von Gustav Fechner (1801–1887), Friedrich Paulsen (1846–1908) und Charles Hartshorne (1897–2000).

Hartshorne setzt das Weltall mit Gott gleich. Im Weltprozess komme den menschlichen Individuen keine besondere Bedeutung zu, da diese nur vorübergehende Bündel von hochorganisierten Atomen darstellen; mit dem Tod zerfalle das Bündel. Die menschliche Person sei kein substantielles Ding, sondern ein Geschehen, ein Ereignis oder eine Kette von Ereignissen – eine Einsicht, die sich bei jedem Todesfall aufdrängt. Was bleibe, sei das Gewesensein des einzelnen Menschen; dieses sei ewig, denn wenn etwas in die Vergangenheit übergehe, verliere es dadurch nicht an Realität. Gewesene Realität lasse sich als Erinnerung deuten: Was vom einzelnen menschlichen Individuum bleibe, sei die unzerstörbare kosmische Erinnerung an dieses individuelle Geschehen. Auf diese Weise gebe es zwar keine individuelle Unsterblichkeit mit fortdauerndem menschlichem Bewusstsein, wohl aber Gottes ewige Erinnerung an jeden einzelnen Menschen. Diese Erinnerung lasse sich nach der Art einer Chronik, eines Buches vorstellen, das jeder Mensch schreibt. «Wir schreiben das Buch unseres Lebens für den einen, idealen Leser», für Gott, formuliert Hartshorne, offenbar in Erinnerung an die christliche Tradition vom «Buch des Lebens» (Offb 20,12). Jedes ein Menschenleben aufzeichnende Erinnerungsbuch mache Gott reicher, denn Gott sei nicht vollendet und in sich ruhend, sondern im Werden begriffen, in ewiger Entwicklung. Nach Hartshorne gibt es eine objektive Unsterblichkeit, während das seiner selbst bewusste individuelle Subjekt sterblich ist. Was nach dem Tod bleibt, ist ein «Ding», ein unzerstörbares geistiges Fossil, kein lebendiges Wesen.

Als Metaphysik zielt der Pantheismus auf eine erklärende Deutung allen Seins – des menschlichen Daseins ebenso wie des Seins der Materie. Demgegenüber nimmt der Existenzialismus nur den Menschen in den Blick.

### 3 Vom Existenzialismus zu einer Theologie ohne Jenseits

Beengende gesellschaftliche Konventionen, eine junge Generation mit energischem Willen zu Freiheit und Selbstbestimmung, widrige Lebensumstände und bedrückende Lebensangst, verursacht durch große Wirtschaftskrisen und zwei Weltkriege, Leben in Frankreich unter deutscher Militärbesatzung: Diese Umstände rufen eine düstere Stimmung hervor. Aus dieser erwächst in Deutschland und Frankreich die als Existenzialismus oder Existenzphilosophie bezeichnete philosophische Richtung. Philosophen wie Martin Heidegger (1889–1967), Jean-Paul Sartre (1905–1980) und Albert Camus (1913–1960) schreiben dem

Menschen kein feststehendes Wesen zu. Will er nicht in vorgegebener Konvention verbleiben und zum Sklaven widriger Zeitumstände werden, muss er einen Akt der Freiheit wagen und so seine Existenz selbst bestimmen. Der Gedanke an den Tod ruft den Menschen zur Entscheidung. Die bereits 1886 veröffentlichte Erzählung *Der Tod des Iwan Iljitsch* von Leo Tolstoi gilt als Muster eines solchen Vorgangs. Der zweiundvierzigjährige Titelheld, ein russischer Gerichtsbeamter, muss aufgrund eines tödlichen Krebsgeschwürs aus dem Berufsleben ausscheiden. In Erwartung des nahen Todes bewertet der Leidende sein bisheriges Leben als konventionell, entfremdet, als Lüge und Betrug. Kurz vor dem Lebensende findet er zu dieser Erkenntnis und dadurch zu einem Augenblick der Freiheit, wo er seine Eigentlichkeit findet – um in Ruhe zu sterben.

Obwohl sich die führenden Vertreter des Existenzialismus als Atheisten verstanden, übte ihre Philosophie auf viele Theologen eine große Anziehungskraft aus. Ohne dass eine einheitliche existenzialistische Theologie entstand, entwickelten Rudolf Bultmann, Karl Rahner und Gotthold Hasenhüttl beeindruckende existenzialistische Diesseitstheologien – zweifellos die bemerkenswertesten Theologien des 20. Jahrhunderts und der Gegenwart.

**Rudolf Bultmann.** Himmel und Hölle, verstanden als jenseitige Orte oder Zustände der menschlichen Seele, gehörten in biblischer Zeit zum Weltbild, heute haben sie keinen Anspruch mehr darauf, geglaubt zu werden. Wenn in der Bibel himmlischer Lohn verheißen und höllisches Feuer angedroht wird, sagt uns das etwas über unser jetziges Leben, nicht über ein Leben nach dem Tod (über das nichts gewusst werden kann). Was aber sagt es uns? Dafür schlägt der evangelische Theologe Rudolf Bultmann (1884–1976) folgende Formel vor: Verheißung von jenseitigem Lohn und Androhung von Strafe sind «nur der primitive Ausdruck dafür», dass «es dem Menschen in seinem Tun um sein eigentliches Sein geht – um sein Selbst, das er nicht schon ist, sondern erst werden soll» (*Theologie des Neuen Testaments*, 1953, 14). Hinter diesem zunächst schwer verständlichen Satz verbirgt sich die existenzialistische Philosophie des menschlichen Handelns. Der Mensch besitzt kein festgelegtes Ich, sondern schafft dieses durch sein Handeln; dabei kann er sein eigentliches Selbst verfehlen oder erlangen, je nachdem, ob sich sein Tun an höheren oder niederen Werten orientiert. Das menschliche Tun trägt seine Konsequenz – in veralteter Sprache ausgedrückt: seinen Himmel oder seine Hölle, seinen Lohn oder seine Strafe – bereits in sich. Wenn immer der Mensch handelt, steht (nach einem Wort von Martin Heidegger) seine «Eigentlichkeit» auf dem Spiel. Diese aber wird in der Orientierung an höheren Werten und damit letztlich an Gott gewonnen. Werden in der Bibel oder der traditionellen kirchlichen Lehre Himmel und Hölle als Orte von Lohn oder Strafe genannt, sind diese nicht Mitteilungen über ein real existierendes Jenseits, sondern verweisen als Signale auf den Ernst des diesseitigen Lebens.

**Gotthold Hasenhüttl.** Wird Gott in der traditionellen Jenseitstheologie als Person «im Himmel» verstanden, so holt ihn die am Existenzialismus orientierte Theologie in unsere Welt zurück. Einen entsprechenden Versuch legt Gotthold Hasenhüttl (geb. 1933) in seinem Werk *Glaube ohne Mythos* (2001) vor. Er geht von der Erfahrung mitmenschlicher Liebe aus: «Im Diesseits, mitten im Leben, das von Leid und Freude, von Unglück und Glück, von Misserfolg und Erfolg gekennzeichnet ist, gibt es etwas, was Heil und Zukunft verspricht: Liebe.» Nach Überzeugung der Bibel aber könne der Mensch, indem er sich liebend seinem Nächsten zuwendet, Gott erfahren. Die Erfahrung der Liebe ist der Ort, oder besser: die Situation der Gotteserfahrung. Wie ist das zu verstehen? Liebe ist als Situation zu begreifen, in der sich etwas Großes, die menschliche Existenz Erhellendes und Tragendes zeigen kann. Die Erfahrung dieses Etwas haben die Griechen als Erscheinung (Epiphanie) des Göttlichen verstanden, wobei das Göttliche der Erfahrung selbst innewohnt. Der Begriff «Gott» wird prädikativ, als Bewertung, verwendet, nicht als Bezeichnung für eine übersinnliche Person. Diese Denkweise kommt in dem von Plinius dem Älteren überlieferten Satz zum Ausdruck: «Es ist Gott, wenn der eine dem anderen hilft.» (*Deus est mortali iuvare mortalem*: Plinius, *Naturgeschichte* II, 18) Das antike Denken lehrt uns, wie Gott verstanden werden kann, ohne dass er zu einem fassbaren Ding oder einer überweltlichen Person gerinnt. Dazu Hasenhüttl:

> So ist die Rede sinnvoll: Es ist Gott, wenn der eine dem anderen hilft. Es geht dabei nicht um das Wort «Gott», sondern um die gelebte Wirklichkeit, die sinnvoll den Ausruf «Gott» verdient. Objektiv gibt es keinen Grund, von Gott zu sprechen. Diese Rede ist aber auch nicht subjektiv, keine individuelle Willkür. Sie ist vielmehr die Bezeichnung einer Beziehung zur Wirklichkeit, die etwas erscheinen lässt, das weder auf ein Objekt, noch auf ein Subjekt reduziert werden kann. Dieses eigene Geschehen wird als Erfahrung einer letzten Dimension menschlichen Daseins sinnvoll als Gott bezeichnet. Der Mensch wird in dieser Erfahrung seiner Zweideutigkeit enthoben und erfährt eindeutig Positives, Gott. Ob man von einer Transzendenzerfahrung spricht oder von der Tiefe der Innerweltlichkeit oder von einer letzten Verheißung, die Zukunft eröffnet, oder eben ganz schlicht von Gott, spielt keine entscheidende Rolle.
>
> Hasenhüttl, *Glaube ohne Mythos*, Bd. 1, 2001, S. 704

Diese komplexe Gotteslehre lässt sich auch von anderer Seite her begreifen: Nicht nur Gott lässt sich als Situation und Ereignis verstehen, sondern auch der Mensch. Der Mensch ist nicht in erster Linie ein materielles Ding, sondern letztlich ein Ereignis, das einmal beginnt (mit Zeugung und Geburt) und wieder endet (mit dem Tod). Auf ein Ding reduziert, würde gerade das Charakteristische, das den Menschen ausmacht, verkannt.

**Karl Rahner.** Den Tod des Menschen ohne Seelenbegriff und Jenseits zu deuten bildet einen roten Faden durch das reichhaltige theologische und publizistische Werk des Jesuiten Karl Rahner (1904–1984). Beim Thema Tod greift die traditionelle Dogmatik – im Gegensatz zur neueren Theologie – rasch zum Jenseitsbegriff. Auf diesen Begriff verzichtet Rahner. Als «Bezeichnung für Gott und seine Wirklichkeit, seine Welt» evoziere das Wort räumliche Vorstellungen von «oben» und «unten» und lasse an Jenseitsreisen denken. Solche naiven Vorstellungen sind nach dem Heidegger-Schüler Karl Rahner für die Theologie «ungeeignet» (*Kleines theologisches Wörterbuch*, 1961, Stichwort «Jenseits»). In seinen umfangreichen Schriften verzichtet Rahner daher auf das Wort «Jenseits».

Wie für Heidegger, so ist auch für Rahner das Leben befristet, endlich, durch den Tod begrenzt. Es gibt kein Leben nach dem Tod. Der Tod lässt sich nicht als einfacher Pferdewechsel – das Bild stammt von Ludwig Feuerbach – auf der Reise vom Diesseits ins Jenseits vorstellen. «Mit dem Tod ist … alles aus. Das Leben ist vorbei, es kommt nicht wieder, es wird einem nicht ein zweites Mal geschenkt», sagt Rahner 1980 in einem Interview. Die Aufgabe des Menschen besteht in der Setzung von Akten freier Handlung. Da mit dem Tod die Möglichkeit zum Handeln endet, darf man sich «nichts Neues zum bisherigen Leben in mythologischer Phantasie hinzudenken». Der Mensch verbleibt im Diesseits. «Wir sind zu sehr Kinder dieser Erde, als dass wir aus ihr einmal endgültig auswandern wollten.»

Was im Tod aus christlicher Sicht geschieht, lässt sich nach Rahner nur andeuten. Im Tod, so Rahner, gehe das zurückliegende Leben nicht verloren, sondern bleibe «aufgehoben». Das von Rahner in Anführungszeichen gesetzte Wort «aufheben» entstammt der Philosophie Hegels. «Aufheben» meint einen Vorgang, bei welchem eine Sache sowohl beendet als auch aufbewahrt wird. Beschrieben werden soll ein Zustand, der das menschliche Leben und dessen Geschichte sowohl beendet als auch aufbewahrt. Ähnlich äußert sich Hans Urs von Balthasar: Was in der auf den Tod folgenden Auferstehung geschehe, sei die «Bergung der irdischen Existenz in Gott. Kein ‹Nachher› und kein ‹Jenseits›, sondern dieses gelebte Leben ewig geworden» (Balthasar, *Eschatologie in unserer Zeit*, 2005, S. 100).

**Theologie ohne Jenseits.** Wie an mehreren Beispielen gezeigt, vermögen theologische Denker wesentliche Stücke des christlichen Lehrgebäudes darzulegen, ohne auf die Zweiteilung des Kosmos in Diesseits und Jenseits zurückzugreifen. Für die Diesseitstheologie gibt es, nach einem Wort von Rainer Maria Rilke in dessen *Stunden-Buch*, «kein Jenseitswarten und kein Schaun nach drüben». Zumindest in der radikalen existenzialistischen Theologie dürfte damit jene Wandlung Wirklichkeit geworden sein, die sich Ludwig Feuerbach als einer der schärfsten Kritiker des Christentums im 19. Jahrhundert gewünscht hatte – «die Menschen aus Theologen zu Anthropologen» zu machen, «aus Theophilen zu Philanthropen, aus Kandidaten des Jenseits zu Studenten des Diesseits, aus religiösen und politischen Kammerdienern der himmlischen und irdischen Monarchie und Aristokratie zu freien, selbstbewussten Bürgern der Erde» (*Vorlesungen über das Wesen der Religion*, 1848, 3. Vorlesung).

## 4 Wiedersehen im Himmel?

Der dänische Philosoph Harald Høffding (1843–1931) schreibt in seinen Memoiren, Sehnsucht nach Unsterblichkeit sei ihm fremd, und fügt hinzu: «Ich hatte auch nie den Wunsch nach einem Wiedersehen verspürt, wenn es mein Los war, Menschen die Augen zu schließen, die ich geliebt hatte.» Als moderner Denker hat er sich vom Begriff des Jenseits verabschiedet und behauptet, diesen Abschied auch gefühlsmäßig vollzogen zu haben. Doch das ist nur die eine Seite seiner Seele. Später erfährt man von der anderen Seite. Nach Høffdings Tod berichtet seine Schwester von der Sehnsucht des Philosophen nach seiner verstorbenen Frau: «Ständig spukte in ihm der Gedanke an ein Wiedersehen mit ihr nach dem Tode.» (Mitgeteilt von Hjalmar Sundén, *Die Religion und die Rollen. Eine psychologische Untersuchung der Frömmigkeit*, 1966, S. 409).

Der Fall Høffding ist kein Einzelfall. Sobald wir Einblick nehmen in die persönlichen Papiere – Briefe und Tagebücher – einiger Theologen des 20. Jahrhunderts, entdecken wir die bleibende Sehnsucht nach einem «Nachher», einem Himmel des Wiedersehens – ganz im Widerspruch zur radikalen modernen Theologie etwa eines Karl Rahner oder einer Dorothee Sölle. Beginnen wir mit einem Brief von Dietrich Bonhoeffer, gefunden im Nachlass eines seiner Studienfreunde!

**Dietrich Bonhoeffer.** In einem Brief aus dem Jahr 1928, gerichtet an seinen Freund Walter Dreß, berichtet Dietrich Bonhoeffer (1906–1945) von den Tränen eines zehnjährigen Jungen, der den Tod seines Schäferhundes beklagt.

> Dann ist [der Junge] plötzlich ganz still mit seinem herzzerbrechenden Weinen, und sagt: «Aber ich weiß ja, der ist ja gar nicht tot.» – «Wie meinst Du das denn?» – Ja dessen Geist ist doch jetzt im Himmel und freut sich da: in der Klasse hat mal einer die Religionslehrerin gefragt, wie es im Himmel sei, und da hat sie gesagt, sie wäre noch nicht da gewesen; sagen Sie mir doch jetzt, werde ich den Herrn Wolf mal wiedersehen? Der ist doch ganz gewiss im Himmel?
>
> Bonhoeffer, *Brief an Walter Dreß*, 1. September 1928

Die Religionslehrerin weicht aus; sie sagt dem Kind, sie sei noch nicht im Himmel gewesen. Sie wisse also nicht, wie das ewige Leben im Reich Gottes aussehe. Und was antwortet Bonhoeffer, damals frischgebackener Doktor der evangelischen Theologie?

> Da stand ich da und sollte antworten: ja oder nein; nein, das wissen wir nicht, hätte «nein» bedeutet. ... Da sagte ich ihm denn kurz entschlossen: Sieh mal, Gott hat den Menschen gemacht und auch die Tiere, und hat die Tiere gewiss auch lieb; und ich glaube, es ist bei Gott so, dass sich alles, was sich lieb gehabt hat auf der Erde, wirklich lieb gehabt hat, dass das bei Gott zusammenbleibt, denn Liebhaben ist ein Stück von Gott; wie das geschieht, das wissen wir freilich nicht.

Bonhoeffer teilt seinem Briefpartner mit, wie das Gespräch mit dem Jungen weiterging: «Nun hättest Du das glückliche Gesicht von dem Jungen sehen sollen. Er hatte ganz aufgehört zu weinen. ‹Dann sehe ich also den Herrn Wolf wieder, wenn ich auch tot bin; dann können wir wieder spielen.› Kurz, er war überglücklich. Ich sagte ihm noch ein paar Mal, wie das zuginge, das wüssten wir nicht. Er aber wusste es, und zwar ganz bestimmt.»

Die Szene spielte in der deutschsprachigen evangelischen Gemeinde von Barcelona. Das Jahr 1928 ist für das Verständnis des ganzen Vorfalls wichtig. Denn um diese Zeit begannen deutsche Theologen, nicht mehr so bestimmt wie ihre Lehrer von einem «Wiedersehen im Himmel» zu sprechen. Jahrhundertelang, ja seit den Tagen der Kirchenväter hatten christliche Theologen nicht gezögert, die Hinterbliebenen mit der Aussicht auf eine baldige Zusammenführung im Himmel zu trösten. Noch um die Wende vom 19. zum 20. Jahrhundert beherrschte das Thema Wiedersehen die Trostpredigt beider Konfessionen. Theologen verfassten dickleibige Traktate über das Thema. Wilhelm Schneider, Anfang des 20. Jahrhunderts katholischer Bischof von Paderborn, schrieb über 500 Seiten unter dem Titel *Das andere Leben*. Das Kernkapitel des Buches heißt «Die Freude des Wiedersehens». Dort lesen wir:

> Welch ein freudiges Wiedersehen, wenn nach langer Trauer die verlassene Witwe ihren vorausgeeilten Gemahl im Himmel wiederfindet! Alleluja! ... Der seit langem vereinsamte Gatte hat gleich auf der Schwelle der neuen Heimat seine geliebte Gattin wiedererkannt, ganz verändert zwar und doch dieselbe. Freude ohne Maß und Liebe ohne Makel beseelen und beseligen beide. Staunend schauen sie einander im Lichte der Verklärung. ... Alles Abstoßende und Missfällige, alle Rauheit und Unebenheit ist verschwunden; der eine hat am anderen nichts mehr zu tadeln; der eine ergötzt sich am Anblicke des andern und freut sich über dessen Seligkeit wie über seine eigene.
>
> Schneider, *Das andere Leben*, 15. und 16. Aufl., 1923, S. 433

Bischof Schneider schließt mit einer Umkehrung der Formel, die bei der kirchlichen Eheschließung verwendet wird. Bei ihm heißt es: «Was Gott verbunden hat, kann der Tod nicht für immer trennen.» So nachzulesen in der 1923 gedruckten letzten Auflage von Bischof Schneiders Buch. Gegen Ende der 1920er-Jahre hatte sich das religiöse Klima gewandelt. Bonhoeffer konnte sich im Gespräch von Barcelona noch zu einer Sicht durchringen, die der Bischof Schneiders entspricht. Er fügt bereits hinzu: Wie Gott das Wiedersehen mit dem verlorenen Hund verwirkliche, wüssten wir nicht. Auf dem Nichtwissen bestehend, hatte die Religionslehrerin den Jungen ganz ohne Trost gelassen.

Tatsächlich werden in der Folgezeit die Theologen mit Aussagen über den Himmel immer zurückhaltender. Schon in ihrem 1902 erschienenen Buch *Das Jahrhundert des Kindes* hatte Ellen Key auf den massiven – für sie zu massiven – Realismus hingewiesen, der die Himmelsvorstellung der Kinder auszeichne. Bonhoeffer war einer der wenigen, der sich noch zu der als altmodisch geltenden Botschaft vom Wiedersehen im Himmel bekannte, jedenfalls im Gespräch mit einem zehnjährigen Kind. Das war für Bonhoeffer selbst nur konsequent, sah er sich doch einem theologischen Programm der Anschaulichkeit verpflichtet. «Man kann das Evangelium gar nicht handgreiflich genug ... predigen. Eine rechte evangelische Predigt muss so sein, als ob man einem Kind einen schönen roten Apfel hinhält oder einem Durstigen ein Glas frisches Wasser und dann fragt: willst du?» Aber Bonhoeffer stand mit dieser Auffassung allein da. Die beiden bekanntesten Theologen des 20. Jahrhunderts – der reformierte Dogmatiker Karl Barth und der Jesuit Karl Rahner – haben den Himmel niemals anschaulich geschildert. Weder in den 16 Bänden von Rahners *Schriften zur Theologie* (1954–1984) noch in den 13 schweren Folianten von Karl Barths *Kirchlicher Dogmatik* (1932–1967) findet sich Nennenswertes zu dem Thema. Wenn die beiden sich überhaupt äußern, sagen sie dasselbe: Wir besitzen nur ein einziges Leben, das mit der Geburt beginnt und mit dem Tod endet. In den Worten Rahners: Mit dem Tod ist «alles aus. Das Leben ist vorbei, es kommt nicht wieder, es wird einem nicht ein zweites Mal geschenkt.» Nach Rahner ist es «ziemlich primitiv», sich das ewige Leben als ein großes Familientreffen vorzustellen.

Also gibt es kein neues, zweites, anderes Leben mit neuer Begegnung und neuen, überraschenden Erfahrungen. Jede Vorstellung von einem weiteren Leben wird von den Wortführern der Theologie des 20. Jahrhunderts abgelehnt. Sie solidarisieren sich also eher mit der ausweichend antwortenden Religionslehrerin von Barcelona als mit Bonhoeffers improvisierter Trostpredigt, die dem Kind seinen Hund und dem Hund seinen Herrn verspricht.

**Karl Rahner – Fridolin Stier – Luise Rinser.** Das Zweite Deutsche Fernsehen strahlte im Februar 1972 eine Sendung aus mit dem Titel «Was nachher kommt». Es ging um den Tod sowie die Frage, was danach kommt: ein Himmel, ein ewiges Leben oder vielleicht auch nichts von all dem. Zwei Journalisten sprachen mit Karl Rahner. Eine eindeutige Antwort auf ihre Fragen erhielten sie nicht, denn auch im Mainzer Fernsehstudio blieb der Jesuit dabei: Er will sich keine Vorstellung davon machen, was nach dem Tod kommt, denn es gibt kein zweites Leben, also auch kein spiritistisches Kontaktaufnehmen mit Verstorbenen. Es ist alles ganz anders. Es lässt sich nichts ausmalen. Sicher ist nur: Die Bindung an Raum und Zeit hört auf.

Rahners Äußerungen im Fernsehgespräch bleiben abstrakt und wenig anschaulich. Als in Tübingen ein Kollege Rahners, Fridolin Stier (1902–1981), das Fernsehgerät ausschaltet, ist er wenig befriedigt. Professor Stier hatte kurz zuvor sein einziges Kind durch einen Unfall verloren, ein siebzehnjähriges Mädchen. Stiers Tagebuch, inzwischen gedruckt, zeigt uns, wie der Autor nach dem Tod seiner Tochter mit dem immer sinnloser werdenden Leben kämpft. Er träumt von dem Mädchen, spricht mit ihm im Traum, glaubt, von ihm Botschaften zu erhalten. Stier notiert in sein Tagebuch: «[Rahners] Antwort auf die Frage der Interviewer, wie das Nachher, einmal als gegeben vorausgesetzt, vorzustellen sei – unvorstellbar, *totaliter aliter* –, schien mir dürftig.» Stier vermisst die Verheißung eines Wiedersehens, denn ein geliebter Mensch gehöre so sehr zum eigenen Ich, meint Stier, dass das den Tod überlebende Ich gar nicht ohne ein soziales Miteinander gedacht werden könne. «Aber das braucht man just dem Rahner nicht weiszumachen, nur hätt' ich es gern von ihm hören mögen.» Also ein Protest gegen einen abstrakten, sich der Beschreibung entziehenden Himmel, gegen einen Himmel ohne die Anschaulichkeit einer ergreifenden Wiederbegegnung. Um sich selbst zu trösten, notiert Stier eine Anekdote, die er nur vom Hörensagen kennt, aber offenbar aus guter Quelle: Der ihm persönlich bekannte atheistische Philosoph Ernst Bloch glaube auch an ein Leben nach dem Tod, sogar an ein Wiedersehen. Wenn selbst ein Atheist daran glauben kann, warum dann nicht auch er, Stier, als Christ?

Bezeichnenderweise meint Stier, letztlich würde auch Karl Rahner an ein menschliches Miteinander nach dem Tode glauben, gehöre doch das Miteinander zum Wesen des Menschen. Ein Einzelmensch sei undenkbar. Der Mensch komme immer in der Mehrzahl vor, als Gruppe, als Gesellschaft, als Paar. In Rahners gedrucktem Werk findet sich nichts darüber, doch in seinen privaten Papieren wird man fündig. In einem an seine Freundin Luise Rinser gerichteten Brief stellt sich der Jesuit vor, in der Ewigkeit eine Wohnung mit Luise zu teilen. Das sei möglich, denn Christus habe einmal gesagt: «Im Hause meines Vaters sind viele Wohnungen.» So steht es im Johannesevangelium, und warum soll man das nicht ernst nehmen?

Rahners Korrespondentin reagiert kühl auf das Angebot des Jesuitenpaters. Sie hält ihm seine eigene Lehre vor: «Ich glaube nicht an so einen Himmel», schreibt sie zurück. Sie stelle sich vor, nach dem Tod zusammen mit ihren beiden Kindern und ihren Freunden – einschließlich Rahners natürlich – ins Herz Gottes zu stürzen. So habe sie es einmal im Traum erlebt. «Und was das Jenseits und das Sitzen am Tische [wovon Jesus sprach] anlangt, so überlassen wir das ruhig dem Vater – vielleicht gibt's gar kein Jenseits, wer weiß als was es sich entpuppt.» Luise Rinser hat Rahner also recht gut zugehört und erklärt ihm nun, was er selbst sonst zu diesem Thema sagt. Was Rahner über das Teilen der himmlischen Wohnung schrieb, konnte ihr nur als nicht ernst gemeint erscheinen, als freundschaftlicher Scherz. Oder hat dem Theologen das Gefühl, die Liebe, die so ganz irdische Sehnsucht einen Streich gespielt und einen Strich durch seine theologische Rechnung gemacht? Hat er sich, einen Augenblick seine existenzialistische Theologie vergessend, nach ewiger menschlicher, auch weiblicher Liebe gesehnt? Jedenfalls weist ihn seine Korrespondentin zurecht und treibt ihm solche Inkonsequenzen aus. Dabei ist Luise Rinser keineswegs konsequenter als der befreundete Jesuitenpater. Sie kann sich ganz anders äußern und fällt dann in die Rolle des Kindes von Barcelona. Als ihr Hund Vanno stirbt, will sie diesen keineswegs für alle Ewigkeit verlieren. Sie fasst Mut und meint: «Meinen Hund und alle Hunde meines Lebens werde ich wiedersehen. Sie werden mit mir zusammen erlöst werden, denn sie sind unsterblich.»

Auch die Rolle Bonhoeffers, die Rolle des Trösters, spielt Luise Rinser mit großem Geschick. In einem Brief an Karl Rahner berichtet sie davon:

> Heute Abend hatte ich mit Antonio, dem Portier, ein seltsames Gespräch über Allerseelen und den Glauben an die Ewigkeit. Er glaubt nicht daran. Ich sagte ihm, dass es auch mir schwerfalle zu glauben – usw. usw. Er sagte, er sei Atheist. Ich sagte, das stimme nicht, denn erstens: er habe ein gutes liebevolles Herz (das hat er!), und zweitens: er sei tief schwermütig. Er schaute mich betroffen an. Ja, sagte er, aber was hat das mit Gott zu tun?
>
> Rinser, *Gratwanderung. Briefe der Freundschaft an Karl Rahner,* 1994, S. 247–248

Während des Gesprächs kommt die Rede auch auf den Himmel. Antonio meint, Luise komme schon in den Himmel, er aber nicht. Darauf Luise: «Ich sagte: Antonio, so wahr ich hier stehe – wir zwei sehen uns im Himmel wieder, ich verspreche es Ihnen. Das kam so ernst aus mir, dass wir alle zwei bestürzt waren. Es war ein seltsamer Augenblick. … Es war schön, dieses Gespräch im zugigen Korridor unten an der Haustür. Zwanzig Minuten etwa.»

Zwei Seelen wohnen in der Brust der Briefschreiberin: Einmal folgt sie der strengen minimalistischen Lehre des Jesuiten, für den es nach dem Tod kein weiteres Leben mehr gibt, ein anderes Mal hält sie aus dem Stegreif eine kleine Trostpredigt über das Wiedersehen im Himmel. Diese beiden Seelen – die rationale und die sentimentale, der Verstand und das Gefühl – finden sich auch bei Rahner selbst. Beide Briefschreiber können ihre Rollen vertauschen, so dass einmal *sie* das minimalistische Himmelsbild ins Feld führt, während *er* vom gemeinsamen Wohnen im Jenseits spricht und damit seine eigene Lehre wenn nicht offen zurücknimmt, so doch bedenkenlos verlässt, um der Stimme seines Herzens zu gehorchen. Ist es nicht gerade die Stimme des leiderfahrenen und liebenden Herzens, die auf ein Wiedersehen in einem sozialen Jenseits hoffen lässt? Dagegen steht oftmals die Stimme des Verstandes.

## 5 Die Ordnung der Vernunft und die Ordnung des Gefühls

Die vorstehend erörterten Zeugnisse über Jenseitswelten und Jenseitsglauben lassen zwei unterschiedliche Kulturen erkennen: eine kritische, rationale Reflexionskultur und eine sentimentale Kultur des Gefühls.

Die meisten Naturwissenschaftler und Philosophen lehnen den Glauben an ein Jenseits ab. Es lasse sich kein Verfahren benennen, mit dessen Hilfe sich die Existenz eines Jenseits beweisen ließe. Als Vertreter einer Kultur der kritischen Rationalität sprechen sie überlieferten Jenseitsvorstellungen jeden Wahrheitsgehalt ab. Ihrer Meinung nach vermag Religion ein Gefühl von Heimat und Geborgenheit zu vermitteln, nicht jedoch zusätzliches, außerhalb der Vernunft liegendes Wissen. Wie dargelegt, sehen sich manche christliche Theologen des 20. Jahrhunderts und der Gegenwart einer kritischen Rationalität verpflichtet. Sie versuchen, in ihrer Deutung des überlieferten Glaubensgutes ohne das Postulat eines Jenseits auszukommen. Das führt – etwa bei Rudolf Bultmann und Karl Rahner – zum Entwurf einer abstrakten Theologie, deren Begriffe sich der Anschauung entziehen und die im Zeitalter abstrakter Kunst zeitgemäß scheint. Ihr Ziel ist nicht Anschaulichkeit, sondern die Schaffung einer modernen, jenseitsfreien Diesseitstheologie, die die Nähe zur Naturwissenschaft nicht scheut. Diese findet unter gebildeten christlichen Laien große Zustimmung, während sich die traditionalistisch orientierten Kirchen – die meisten also – schwer tun, den Tod des Menschen als endgültig zu akzeptieren und sich so von biblischen Mythen zu verabschieden.

Der auf Rationalität bedachten modernen Theologie stehen andere Stimmen – und Stimmungen – gegenüber. Ihre Sehnsucht nach dem verlorenen Jenseits entspringt einer sentimentalen Kultur, einer Kultur des Gefühls und der spontanen Emotion. Solche Stimmen, verdeutlicht an Theologen wie Fridolin Stier und Karl Rahner, können die Stimme der Rationalität nicht übertönen, werden aber unüberhörbar, sobald wir private Lebenszeugnisse auswerten. Emotionen und die mit ihnen verbundenen Fragmente eines alten Weltbildes lassen sich nicht völlig verdrängen, denn sie melden sich wieder zurück. Was einmal in der Seele gespeichert ist, bleibt dort erhalten, gleichgültig, welchen Weg der Verstand geht. Demnach lassen sich Kognition und Emotion nicht gegeneinander ausspielen. Die eine muss der anderen ihr Recht lassen. In der Ordnung des Wissens können die Vertreter von Theologie und Kirche im Vertrauen auf die rationale Vernunft ihre überlieferten Jenseitsvorstellungen kritisieren, korrigieren und, wenn dafür Gründe vorliegen, auch aufgeben. In der Ordnung der Gefühle sollen überlieferte Vorstellungen schon wegen ihrer lebensdienlichen Funktion erhalten bleiben. Im Leben selbst verbinden und vermischen sich Vernunft und Gefühl nicht einfach zu einer Synthese, sondern stehen in einem kreativen Austausch: Die vom Gefühl geleitete Phantasie überschreitet die Grenzen der Vernunft, das kritische Denken setzt der Phantasie Grenzen. Dem emotionalen Jenseits entkommen wir ebenso wenig wie dem rationalen Diesseits.

«Wir haben die Kunst, damit wir an der Wahrheit nicht zugrunde gehen.» So Friedrich Nietzsche (*Der Wille zur Macht*, Aphorismus 822). Vielleicht dürfen wir den Satz abwandeln: Wir haben das Jenseits, damit wir am Diesseits nicht zugrunde gehen.

# Literatur

Angeführt sind Quellentexte und, durch Sternchen (*) abgesetzt, Forschungsliteratur.

## I. Antike: Vom innerweltlichen zum außerweltlichen Jenseits

Hesiod, *Theogonie*. Griechisch – deutsch. Übersetzt von O. Schönberger, Stuttgart 1999.
Homer, *Odyssee*. Übersetzt von R. Hampe, Stuttgart 1979.
Lukrez, *Von der Natur – De rerum natura*. Lateinisch – deutsch. Übersetzt von H. Binder, 3. Aufl., Berlin 2013.
Platon, *Werke in acht Bänden*. Griechisch und deutsch. Übersetzt von F. Schleiermacher, hg. von G. Eigler, Darmstadt 1977.
Plutarch, *Das Mondgesicht (De facie in orbe lunae)*. Übersetzt von H. Görgemanns, Zürich 1968.
Plutarch, Der Schutzgeist des Sokrates. In: ders., *Moralia*. Hg. von C. Weise und M. Vogel, Wiesbaden 2012, 966–999.
Vergil, *Aeneis*. Übersetzt von W. Plankl, Stuttgart 1987.

*

Artemov, N., Erfindung Platons? Zur Vor- und Frühgeschichte der Hölle in der griechischen Antike. In: J. Tubach u. a. (Hg.), *Sehnsucht nach der Hölle? Höllen- und Unterweltsvorstellungen in Orient und Okzident*, Wiesbaden 2012, 9–33.
Edmonds, R. G., A Lively Afterlife and Beyond: The Soul in Plato, Homer, and the Orphica. In: *Études platoniciennes* 11 (2014), Aufsatz 5, 1–28.
Ekroth, G., und I. Nilsson (Hg.), *Round Trip to Hades in the Eastern Mediterranean Tradition. Visits to the Underworld from Antiquity to Byzantium*, Leiden 2018.
Friedländer, P., Platon als Geophysiker und Geograph. In: ders., *Platon*, 3. Aufl., Berlin 1964, 276–299.
Matijevic, K., *Ursprung und Charakter der homerischen Jenseitsvorstellungen*, Paderborn 2015.
Norden, E., *P. Vergilius Maro, Aeneis Buch VI*, 4. Aufl., Darmstadt 1957.
Pander, E., The Rivers of Tartarus: Platonic Geography of Dying and Coming-Back-to-Life. In: C. Collobert u. a. (Hg.), *Plato and Myth*, Leiden 2012, 199–233.
Pradeau, J.-F., Le monde terrestre: le modèle cosmologique du mythe final

du «Phédon». In: *Revue philosophique de la France et de l'étranger* 121/ Bd. 186 (1996), 75–105.

Schwindt, R., Weltbilder im Umbruch. Himmelsvorstellungen in der Antike. In: *Jahrbuch für Biblische Theologie* 10 (2005), 3–34.

## II. Antikes Judentum und frühes Christentum: Himmel, Hölle und Gericht

*Die Bibel. Einheitsübersetzung der Heiligen Schrift.* Überarbeitete Ausgabe, Stuttgart 2016.

*

Brunner-Traut, E., Altägyptische und mittelalterlich-christliche Vorstellungen von Himmel und Hölle, Gericht und Auferstehung. In: dies., *Gelebte Mythen*, 3. Aufl., Darmstadt 1981, 60–85.

Esler, P. E., *God's Court and Courtiers in the Book of the Watchers*, Eugene, Ore. 2017.

Hornung, E., Schwarze Löcher von Innen betrachtet: Die altägyptische Hölle. In: ders. und T. Schabert (Hg.), *Strukturen des Chaos* (Eranos, Neue Folge 2), München 1994, 227–262.

Lang, B., Rages. In: M. Görg u. a. (Hg.), *Neues Bibel-Lexikon*, Zürich 2001, Bd. 3, 274–278.

–, *Jahwe der biblische Gott. Ein Porträt*, München 2002.

–, Die Leviten. Von der Gegnerschaft einer kriegerischen Priesterzunft gegen Ahnenverehrung und Bilderkult. In: ders., *Buch der Kriege – Buch des Himmels. Kleine Schriften zur Exegese und Theologie*, Leuven 2011, 45–82.

–, New Light on the Levites: The Biblical Group that Invented Belief in Life after Death in Heaven. In: E.-M. Becker u. a. (Hg.), *«What Is Human?» Theological Encounters with Anthropology*, Göttingen 2017, 65–85.

Schäfer, P., *Zwei Götter im Himmel. Gottesvorstellungen in der jüdischen Antike*, München 2017.

Smith, *The Memoirs of God. History, Memory, and the Experience of the Divine in Ancient Israel*, Minneapolis, Min. 2004, 101–119.

Zappia, D., Demythologizing the Satan Tradition of Historical Criticism. In: *Scandinavian Journal of the Old Testament* 29 (2015), 117–134.

## III. Islam: Der eine Gott und die vielen Himmel

*Der Koran*. Neu übertragen von H. Bobzin, München 2010, überarbeitet 2017.

Busse, H., *Islamische Erzählungen von Propheten und Gottesmännern*, Wiesbaden 2006, 15–23 (al-Tha'labī).

al-Ma'arrī, Abū l-Alā, *Paradies und Hölle. Die Jenseitsreise aus dem «Send-*

*schreiben über die Vergebung».* Übersetzt von G. Schoeler, München 2002.
Schacht, J., *Der Islam. Mit Ausschluss des Qor'āns* (Religionsgeschichtliches Lesebuch), 2. Aufl., Tübingen 1931.
al-Tha'labī, Abū Ishāq Ahmad, *Arā'is al-majālis fī qisas al-anbiya, or «Lives of the Prophets».* Übersetzt von W. M. Brinner, Leiden 2002, 6–40.
Werner, E., *Die Jenseitsreise Mohammeds. Liber Scale Machometi – Kitāb al-mi'rāj.* Aus dem Lateinischen übersetzt, Hildesheim 2007.

*

Günther, S., und T. Lawson (Hg.), *Roads to Paradise. Eschatology and Concepts of the Hereafter in Islam*, Leiden 2017, 2 Bde.
Khoury, A. T., L. Hagemann und P. Heine, *Islam-Lexikon. Geschichte, Ideen, Gestalten*, Freiburg 2006 (Stichworte: Djinn, Engel, Gott/Allah, Himmelsreise Muhammads, Hölle, Paradies).
Lange, C. R., *Paradise and Hell in Islamic Traditions*, New York 2016.
–, Islamische Höllenvorstellungen. In: E. Hornung u. a. (Hg.), *Jenseitsreisen* (Eranos 2009 und 2010), Basel 2011, 169–209.
Nagel, T., Die Himmelfahrt des Propheten. In: ders., *Mohammed. Leben und Legende*, München 2008, 643–652.

## IV. Das Christentum und die Revolutionen des Weltbilds

Augustinus, *Vom Gottesstaat (De civitate dei).* Übersetzt von W. Thimme, München 1977/78, 2 Bde.
–, *Das Handbüchlein.* Übersetzt von P. Simon, 2. Aufl., Paderborn 1962.
Dante, *La Commedia – Die göttliche Komödie.* Italienisch und deutsch. Übersetzt von Hartmut Köhler, Stuttgart 2010–2012, 3 Bde.
Swedenborg, E., *Himmel und Hölle.* Übersetzt von J. F. J. Tafel, hg. von H.-J. Hube, 2. Aufl., Wiesbaden 2012.

*

Barsella, S., *In the Light of the Angels. Angelology and Cosmology in the Divine Comedy*, Florenz 2010.
Dinzelbacher, P., *Von der Welt durch die Hölle zum Paradies. Das mittelalterliche Jenseits*, Paderborn 2007.
Lang, B., und C. McDannell, *Der Himmel. Eine Kulturgeschichte des ewigen Lebens*, Frankfurt 1990.
Lang, B., *Meeting in Heaven. Modernising the Christian Afterlife, 1600–2000*, Frankfurt 2011.
–, *Religion und Literatur in drei Jahrtausenden. Hundert Bücher*, Paderborn 2019, 238–251 (Dante).
Pérès, J. N., Untersuchungen im Zusammenhang der sog. «Epistula Lentuli». In: *Apocrypha* 11 (2000), 59–75.
Schwenke, H., Swedenborg und Kant. Zur Schwierigkeit, transzendente Er-

fahrung zu verstehen. In: ders. (Hg.), *Jenseits des Vertrauten*, Freiburg 2018, 126–167.
Schwindt, R., *Der Gesang der Engel. Theologie und Kulturgeschichte des himmlischen Gottesdienstes*, Freiburg 2018.
Stengel, F., *Aufklärung zum Himmel. Emanuel Swedenborg im Kontext der Theologie und Philosophie des 18. Jahrhunderts*, Tübingen 2011.
Vorgrimler, H., *Geschichte der Hölle*, München 1993.

## V. Abschied vom Jenseits?

Bayertz, K. u. a. (Hg.), *Der Materialismus-Streit*, Hamburg 2012 (Quellentexte des 19. Jahrhunderts).
Bonhoeffer, D., Brief an Walter Dress, 1. September 1928. In: ders., *Werke*. Hg. von E. Bethge u. a., Gütersloh 1999, Bd. 17, 81–84.
Hartshorne, Ch., *A Natural Theology for Our Time*, La Salle, Ill. 1967.
Hasenhüttl, G., *Glaube ohne Mythos*, Mainz 2001, 2 Bde.
Martin, M. u. a. (Hg.), *The Myth of an Afterlife. The Case against Life after Death*, Lanham, Md. 2015.
Rahner, K., Zu einer Theologie des Todes. In: ders., *Schriften zur Theologie*, Einsiedeln 1972, Bd. 10, 181–199.
Rinser, L., *Gratwanderung. Briefe der Freundschaft an Karl Rahner*, München 1994.
Sölle, D., *Gegenwind. Erinnerungen*, München 1999.
–, *Mystik des Todes. Ein Fragment*, Stuttgart 2003.
Spinoza, B., Die *Ethik*. Übersetzt von C. Vogt, 8. Aufl., Stuttgart 2010.
Stier, F., *Vielleicht ist irgendwo Tag*, Freiburg 1981.

\*

Bayertz, K. u. a. (Hg.), *Weltanschauung, Philosophie und Naturwissenschaften im 19. Jahrhundert*. Bd. 1: *Der Materialismus-Streit*, Hamburg 2007 (historische Studien).
Lang, B., Artikel «Himmel» und «Hölle». In: P. Eicher (Hg.), *Neues Handbuch theologischer Grundbegriffe*. Neuausgabe, München 2005, Bd. 2, 146–152 und 163–173.
–, Die zweigeteilte Welt. «Jenseits» und «Diesseits» in der katholischen Theologie des 19. und 20. Jahrhunderts. In: ders., *Buch der Kriege – Buch des Himmels. Kleine Schriften zur Exegese und Theologie*, Leuven 2011, 245–274.
–, Der Himmel – eine theologische Hintertreppe. Was sagen Theologen privat über das Leben nach dem Tod? In: ders., *Buch der Kriege – Buch des Himmels*, 189–200.
–, *Religion und Literatur in drei Jahrtausenden. Hundert Bücher*, Paderborn 2019, 424–429 (Tolstoi, *Der Tod des Iwan Iljitsch*).
Mulsow, M., Die sterbliche Seele. In: ders., *Radikale Frühaufklärung in Deutschland 1680–1720*, Göttingen 2018, Bd. 2, 11–96.

# Bildnachweis

*Abb. 1:* W. H. Roscher (Hg.), Ausführliches Lexikon der griechischen und römischen Mythologie, Leipzig 1886–1909, Bd. 3.2, Sp. 1781/82 (Volutenkrater 1094 im Museo Giovanni Jatta, Ruvo, Italien). – *Abb. 3:* A. Mai, Virgilii picturae antiquae ex codicibus Vaticanis, Rom 1835 (Stich von C. Ruspi nach Vat. Lat. 3225, fol. 52 r). – *Abb. 4 und 5:* P. Friedländer, Platon. Eidos, Paideia, Dialogos, Berlin: de Gruyter 1928. – *Abb. 7:* B. W. Anderson, Contours of Old Testament Theology, Minneapolis, Min.: Augsburg Fortress Press 1999. – *Abb. 8:* O. Keel/C. Uehlinger, Göttinnen, Götter und Gottessymbole, Freiburg: Herder 1992 (Siegel I.8915, Rockefeller Museum, Israel). – *Abb. 10:* O. Keel, Jahwe-Visionen und Siegelkunst, Stuttgart: Katholisches Bibelwerk 1977. – *Abb. 11:* J. Black u. a., Gods, Demons and Symbols of Ancient Mesopotamia, London: British Museum Press 1992 (Zeichnung nach T. Rickards). – *Abb. 13:* © akg-images/Pictures From History (Hadith Bayad wa-Riyad, Biblioteca Apostolica Vaticana, Arabo riservato 368). – *Abb. 15:* Hieronymus Cock, «Paradies», Rijksmuseum Amsterdam. – *Abb. 18:* J. A. Koch, «Die Bestrafung der Diebe», Kunstgalerie Hamburg. – *Abb. 19:* Manuskript Pluteo 25.3, fol. 387 v; Biblioteca Laurenziana, Florenz. – *Abb. 21:* W. Blake in: R. Blair, The Grave, London 1808.

# Dank

Der Verfasser ist Norman Jakob, Peter Thaddäus Lang, Ulrike Längle, Tomasz Lucas, Ulrich Nolte, Adelheid Rutenburges und vor allem Gia Toussaint für vielfältige Hilfe zu Dank verpflichtet.